LA MORT C'EST MA VIE

Kennes
les 3 as
www.kennesles3as.com

Première édition

Conception graphique de la couverture et mise en page : © Dominique Paquet
Crédits photographiques couverture : © Bernard Babette
Crédit illustration page 57 : *La création d'Adam* © Michele Falzone / Alamy.com
Crédit illustration page 137 : Clichés de Giuseppe Enrie © Godong / Alamy.com

Dépôt légal : D/2025/13.105/14
ISBN : 978-2-9313-0016-9 | NUART : 18-4456-7

Les 3 As - SRL – 34, route de Lillois – 1472 Vieux-Genappe – Belgique

Achevé d'imprimer par Elcograf SPA

Dr Philippe

BOXHO

LA MORT C'EST MA VIE

Kennes

À ma mère.

TABLE DES MATIÈRES

INTRODUCTION

S'il y a bien une matière dans laquelle l'imagination humaine n'a pas de limites, c'est celle du meurtre. C'est tellement vrai que je n'ai nul besoin d'inventer des faits, ils viennent à moi tout seuls, sans que je doive produire le moindre effort.

Je suis un auteur de non-fiction et j'ai été classé dans la catégorie « essai » par les revues littéraires. Les autres auteurs, les vrais écrivains, ceux qui écrivent des romans, des polars, sont dans la catégorie « roman ». Je ne suis pas avec eux. Et c'est bien normal, car je ne suis pas un écrivain, je suis un auteur d'essais, un raconteur d'histoires vraies. C'est ainsi que je me définis : un « raconteur ».

Vous le savez, je l'ai déjà signalé dans mes autres livres, je n'invente rien sur le plan médicolégal, mais je romance mes histoires ; d'abord parce que la plupart du temps, je ne me souviens pas de tout, mais aussi et surtout pour que leurs protagonistes ne puissent être reconnus. Ce n'est pas obligatoire sur les plans légal et déontologique, mais j'y tiens sur le plan éthique.

Les noms des personnages ne sont jamais que des prénoms, ceux de mes amis et de ceux de mes lecteurs qui me l'ont demandé. Il m'arrive de parler de la vraie vie de mes amis, avec leur accord.

Les faits médicolégaux sont vrais, si vrais qu'ils dépassent parfois la fiction. L'auteur de fiction, l'écrivain, contrairement à moi, est tenu à une réalité subjective. Il faut que les faits médicolégaux « fassent vrai », sinon ça passera moins bien. L'auteur de non-fiction, le raconteur que je suis n'est absolument pas tenu à cette apparence du réel, mais est tenu au réel. Un réel qui, très souvent, dépasse la fiction.

Parmi les journalistes qui viennent me rencontrer, certains doutent de la réalité des cas que je présente. Je leur propose alors de choisir l'une de mes histoires. Très souvent, ils choisissent celle du suicidé par quatorze coups de feu[1]. Bon choix ! C'est vrai que cette histoire est incroyable. J'ouvre alors mon ordinateur, je tourne l'écran vers eux et leur montre les photos du corps. Certains résistent très bien, d'autres moins, mais tous repartent convaincus. Ces cas « extraordinaires » (qui sortent donc de l'ordinaire) existent bel et bien. C'est encore le cas dans ce livre, comme vous allez bientôt le découvrir.

Comme dans mes deux précédents ouvrages, j'ajoute ici deux chapitres qui ne traitent pas de cas médicolégaux, mais d'histoire. Dans *Entretien avec un cadavre*, j'ai parlé de la mort du roi des Belges Albert Ier et de l'autopsie du Christ, et dans *La mort en face*, du décès de Napoléon et de la guillotine. Ici, un chapitre traite du linceul de Turin et l'autre du plafond de la chapelle Sixtine au Vatican.

Le linceul de Turin est une pièce de tissu en lin dont l'étude me passionne et au sujet de laquelle on a dit quelques bêtises que je souhaitais rectifier. Le plafond de la chapelle Sixtine a été peint par Michel-Ange entre 1508 et 1512. Il est très connu de par le monde, mais personne ou presque ne sait qu'un cerveau y est représenté dans la célèbre section où Dieu touche, de son index droit, celui d'Adam. L'idée semble pour le moins bizarre à l'observateur du XXIe siècle, mais elle n'avait rien de surprenant à la Renaissance.

Au sujet de ces deux chapitres, je remercie mon éditeur d'avoir accepté de faire une couverture spéciale. Les photos en face interne de la jaquette vous permettront de suivre ce que je décris dans ces deux chapitres. J'espère que vous apprécierez d'en savoir davantage sur un tissu qui a fait couler plus d'encre que le

---

1 « Des balles et la volonté de mourir », dans *Les morts ont la parole*.

débit de la Seine et que dorénavant, vous regarderez autrement le plafond de la chapelle Sixtine.

Enfin, il me tient à cœur d'honorer ma promesse aux nombreux lecteurs qui m'ont demandé d'expliquer ma routine d'écriture. Rédiger le texte d'un volume, outre le recueil des histoires et la relecture, me prend environ trois semaines. Je commence avant 9 heures, au calme : interdiction de me déranger, sauf urgence vitale. Je lève la tête vers 13 heures pour avaler une soupe avec des biscottes, puis je m'y remets de 14 à 18 heures. Le chapitre terminé, je l'imprime et je le laisse sur un coin de mon bureau pour le relire quelques jours plus tard. Ensuite, je l'expédie à mon éditeur qui reçoit mon livre, chapitre par chapitre.

Je tiens à remercier le restaurant « Le Bon Vivre » à Toulouse où j'ai arrêté, grâce à sa bonne chère, la table des matières de ce livre en octobre 2024.

Pour entamer l'écriture de ce livre, je me suis isolé chez Hervé et Estelle à Wimereux, dont j'ai fait les héros de mon histoire « Le mariage vous va si bien », en remerciement pour leur gentillesse. Le reste a été écrit à Liège et, au hasard de mes déplacements, à Paris et à Iséo (Italie).

Je remercie Luc Baiwir, Hans Zimmer, Santa, Helena et Richard Wagner pour leur accompagnement musical tout au long de ces longues heures de travail.

Voilà, il ne vous reste plus qu'à tourner les pages de ce nouvel opus qui, je l'espère, vous plaira.

Pour les accros à mes histoires, sachez d'ores et déjà qu'il y en aura un cinquième, car il me reste encore quelques cas à relater.

LA MORT C'EST MA VIE

Un si beau meurtre

« Que de sang ! » J'en ai déjà vu, des mares de sang, mais pas comme celle-là.

« — On dirait que ça vient de la jonction entre la droite du cou et l'épaule. C'est bizarre, je n'ai encore jamais vu ça.

— Comment dites-vous, Docteur ?

— Rien, je parle tout seul, je fais souvent ça.

— Ah bon, et vous parlez aussi aux cadavres, comme dans les séries ?

— Oh non, jamais. Ça ne sert à rien, ils ne vont pas me répondre.

— Ah ça, c'est sûr ! Vous en pensez quoi, Docteur ?

— Que ça pue le meurtre à plein nez. Il avait des ennemis, cet homme-là ?

— Ben oui, sa femme, Anouchka, et son amant.

— Il cumule ! Pourquoi les deux ? Sa femme, je peux comprendre, mais l'amant ? D'habitude, ces gens-là n'en veulent pas au mari.

— Oui mais l'amant, c'est son associé qui affirme que le mort a tiré du pognon dans la caisse.

— Aaaahhh, OK. Ben alors, on a tout, le cul et les écus. N'est-ce pas merveilleux ? »

Je lève les yeux du corps et je regarde la porte par laquelle je suis entré dans la maison. En arrivant, j'ai été surpris de la trouver ouverte, parce qu'il fait vraiment très froid dehors. De plus, c'en était fini pour l'évaluation du moment du décès : les portes ouvertes amènent une modification de la température ambiante, celle dans laquelle le corps du défunt s'est trouvé pendant un moment. Or, la température ambiante est un élément déterminant pour évaluer le moment du décès.

Je décris comment on évalue le moment du décès dans mon deuxième livre, mais c'est un peu loin[2]. Alors je le rappelle. Cinq éléments sont à relever afin de l'évaluer lorsque la mort est survenue moins de vingt-quatre heures avant l'examen. Passé ce délai, cette technique n'est plus efficace. Il faut relever la température ambiante, relever la température rectale du cadavre, estimer le poids du corps, vérifier s'il est dans l'eau ou non et en mouvement ou non, voir comment il est habillé. Tout cela joue dans cette évaluation.

Il y a quelques années, j'étais, pour une autopsie, accompagné d'un stagiaire. C'était son premier examen de cadavre. Je lui tends mon thermomètre en lui disant : « Il me faut la température rectale. » À son air ahuri, je comprends qu'il n'a pas compris. « La température rectale permet d'évaluer le moment du décès. » Il se ressaisit, se lève et quitte la pièce. Je le rappelle. « Mais où vas-tu ? Il est ici, le cadavre. » « Ben, aux toilettes, pour prendre la température rectale. » Me voilà sur le cul. « La température rectale du cadavre », me sens-je obligé de préciser.

Le principe de cette technique réside dans le fait que, lorsque l'on meurt, le corps ne produit plus l'énergie qui permettait de conserver une température interne à l'équilibre autour des 36 °C. Progressivement, la température du corps rejoint celle de l'ambiance dans laquelle il se trouve, plus ou moins vite en fonction des éléments décrits ci-dessus. S'il est chaudement vêtu, cela prend plus de temps que s'il porte juste un t-shirt. S'il est gros, cela prend plus de temps que s'il est maigre, etc. Toutes ces données sont intégrées sur un schéma ou dans un logiciel qui nous permet de déterminer une période de six heures durant laquelle la mort est survenue. On est loin de la précision des films, qui défie les lois de la physique.

---

2 « La pipelette », dans *Entretien avec un cadavre*.

« — Qui a ouvert la porte ?

— Elle l'était quand nous sommes arrivés.

— C'est la personne qui a découvert le corps, alors ?

— Non, ça c'est son voisin d'en face. Il sortait les poubelles et a été intrigué que la porte soit ouverte. Il a appelé, est entré et a découvert le corps là où il se trouve encore. »

Depuis la maison du voisin, on voit effectivement la porte grande ouverte. Le corps est couché sur le ventre dans le salon, devant une petite table sur laquelle devait se trouver un téléphone qui est tombé par terre.

Nathan est vêtu d'un pull et d'une chemise, comme quelqu'un qui se trouve à la maison. Pourquoi a-t-il ouvert la porte ? Peut-être parce qu'on a sonné, qu'il est allé voir, qu'il est tombé sur son agresseur qui lui a porté un coup avec un instrument qui reste à déterminer. Nathan est ensuite rentré dans la maison, sans prendre le temps de refermer la porte, comme pour s'enfuir. Il est allé au téléphone, sans doute pour appeler à l'aide, mais il n'en a pas eu le temps.

Là-dessus, je m'en vais téléphoner au procureur qui m'a requis.

« — Madame le Procureur, vu les circonstances, je n'ai pas osé toucher au corps plus que par les yeux, mais il est mort d'une perte sanguine massive suite à un traumatisme qui l'a atteint à la jonction de l'épaule et du cou. Il y a quelques gros vaisseaux sanguins dans cette région qui font de bons candidats à la section vasculaire mais, surtout, je ne trouve aucune arme sur place. J'ai besoin de l'examiner plus avant pour découvrir la plaie et évaluer le type d'arme qui a servi. Voilà voilà voilà[3] !

— Bien, Docteur. J'envoie le labo et je saisis le juge d'instruction. À tout à l'heure. »

---

3 « Voilà voilà voilà ! » est une interjection pour laquelle je suis connu. Une espèce de tic de langage que je prononce le plus souvent à la fin d'une longue explication, dit-on...

Je sais que j'en ai, comme d'habitude, pour trois bonnes heures avant que le labo finisse son travail. Il fait un froid à fendre pierre en cette fin d'hiver. Des stalactites pendent de la corniche de certaines maisons, ce que l'on voit rarement en Belgique. En bon frileux, je suis largement couvert. Dehors, la neige a étendu son manteau blanc sur les jardins, les arbres et tous les alentours. Les rues sont dégagées, mais pas les allées des particuliers et, visiblement, Nathan n'a pas dégagé la sienne. On y voit les traces de pas de tous ceux qui sont venus sur les lieux: le voisin, les policiers, moi-même. Vu l'évolution de la situation, les policiers sécurisent la zone des pas. On y voit des traces de chaussures à semelles bien marquées, comme celles des policiers et les miennes, des traces de chaussures à semelles lisses, comme les pantoufles de Nathan et, sans doute, celles du voisin, et c'est tout. Des traces à semelles lisses vont jusqu'aux poubelles sur le trottoir devant sa maison. Nathan a donc sorti ses poubelles, comme le voisin après lui. En tout cas, il n'y a pas d'autres traces de pas que les siennes à cette hauteur. S'il a été agressé, ce n'est pas à ce moment-là, mais plus tard, une fois rentré à la maison. Une question me vient:

«— Dites, il vivait seul, Nathan?

— Oui. Il y a deux semaines, sa femme est partie vivre chez son amant.

— Et il n'a pas d'animal domestique? Un chien?

— Il avait un chien, mais sa femme l'a emporté avec elle.

— Excluez bien cette zone autour des poubelles, parce que, au moins là, on sait que ce sont les empreintes de Nathan, ça peut servir de référence pour le labo.»

On parle de « référence » quand on identifie formellement une trace. On parle de « trace » quand on ne l'identifie pas. Par exemple, si je donne mes empreintes digitales, c'est une « référence », car on sait avec certitude que ce sont les miennes. Par contre, une empreinte digitale sur une scène de crime est une « trace », car on ne sait pas à qui elle appartient.

J'ai à peine fini d'observer les traces de pas que Valéry, le technicien de scène de crime du labo, est déjà là.

« — T'as fait vite !

— J'habite le village juste à côté. Je viens en voisin.

— Tu ne connais pas Nathan et sa femme Anouchka ?

— Non, j'ai vérifié les identités avant d'arriver, je ne les connais pas. Heureusement, sinon, j'aurais dû demander à la seconde garde de prendre ma place, mais il habite à plus de 50 km. Je te dis pas le délai d'intervention !

— T'as une combi pour moi ? Je vais t'aider. » Plutôt que de patienter bêtement dans un café, je préfère être utile.

C'est habillé en cosmonaute que j'entre dans la maison avec Valéry. Après avoir relevé les empreintes digitales sur la poignée de la porte côté rue et sur la sonnette, Valéry s'attelle aux prélèvements sur le corps. Il dépose des bandes de papier transparent et autocollant sur le corps. Il les numérote au fur et à mesure tandis que je note pour lui l'endroit où tel numéro est déposé. C'est un élément fondamental, car, ainsi, il sera toujours possible d'identifier avec précision la région du corps d'où provient tel prélèvement, ce qui peut être important dans le cadre d'une enquête. Une fois cette face du corps couverte, Valéry prend une photo pour bien répertorier où chaque bande se trouve. Ensuite, il reprend chacune des bandes et les dépose sur le film de protection, transparent lui aussi. Le traitement final se fait au labo avec un banc de lumière (un rétroéclairage) pour vérifier quels indices utiles ont ainsi été prélevés et les analyser de manière plus précise en faisant éventuellement appel à des experts spécialisés. Je retourne le corps et mon collègue rempile. Comme pour l'autre face, je prends note, Valery prend une photo puis prélève les bandes.

C'est une étape très importante dans le déroulement de l'enquête. Elle est basée sur le principe de Locard que je résume ainsi: « Tout contact laisse une trace. » Nathan a été agressé par un tiers. Il est possible qu'il se soit défendu avant de recevoir le coup fatal. Si c'est le cas, il est possible qu'il y ait eu une bagarre et que les deux protagonistes aient été au contact l'un de l'autre. Dans ce cas, des fibres ont pu passer d'un vêtement à l'autre. C'est notamment cela que l'on cherche.

Entre-temps, les magistrats sont arrivés avec les enquêteurs de la police judiciaire. Je vais les saluer puis je retourne auprès de Valéry qui a fini d'emballer les prélèvements. Le corps est à moi... enfin. Le corps est resté sur le dos: j'ai demandé à Valéry de ne pas le remettre en position de découverte, mais en décubitus[4] dorsal pour pouvoir défaire plus facilement les boutons de la chemise. Les magistrats sont là, je leur explique la position initiale, le téléphone tombé de la tablette, la main de Nathan près du cornet qu'il touche de l'extrémité de l'index droit. Et, devant eux, je commence le déshabillage.

Nathan se retrouve nu comme un vers, ce qui constitue la seule manière d'examiner correctement un corps. Je le retourne, j'allume ma lampe frontale et je commence l'examen par la face dorsale. Comme d'habitude, je vais de la tête aux pieds et des pieds à la tête. Aucune lésion ne m'apparaît. Si quelqu'un l'a poursuivi dans la maison, il ne l'a pas frappé de manière conséquente.

Dans cette position, je prends la température rectale qui me servira à évaluer le moment du décès. Puis je le retourne et je l'examine en face antérieure. J'en fais d'abord tout le tour pour vérifier s'il existe une autre lésion que celle qui saute aux yeux de tout le monde, mais rien n'apparaît. En clair, le seul traumatisme est celui qui l'a atteint dans la région qui fait la jonction entre le

4 Le « décubitus » désigne la position du corps allongé sur un plan horizontal.

cou et l'épaule, juste en arrière de la clavicule : la grande fosse supraclaviculaire droite.

C'est un trou quasiment circulaire, sans collerette érosive, qu'a créé l'arme. Et elle a été plantée à cet endroit avec une belle force, car je n'en distingue pas la fin, pas au doigt en tout cas ; je ne compte pas m'aventurer plus loin avec une sonde métallique comme j'en ai dans ma trousse, car, vu que la lésion est en plein dans les tissus mous, je pourrais l'altérer, la modifier malencontreusement. Je préfère attendre d'être en salle d'autopsie pour l'examiner proprement.

La médecine légale est aussi un métier de patience où il convient d'accomplir chaque acte en son temps, quand il est le moins susceptible de causer des dégâts.

« — Docteur, il n'y a pas eu d'autres coups, c'est bien ça ?

— En effet, Monsieur le Juge, selon l'examen extérieur, en tout cas. Il faudra confirmer tout cela à l'autopsie.

— Vous avez une idée de l'instrument qui a pu servir ?

— Pas encore très clairement. Je préférerais attendre d'avoir examiné la profondeur de la plaie pour pouvoir vous répondre de manière plus précise.

S'adressant aux policiers premiers arrivés sur les lieux :

— Avez-vous relevé des traces de fouille, de vol, d'effraction ?

— Aucune, Monsieur le Juge. Tout était tel que vous le voyez, ici comme à l'étage, rien ne semble avoir été dérangé.

— Docteur, sans s'avancer outre mesure et toutes autres propositions restant valables jusqu'à preuve du contraire, pourrions-nous dire que l'auteur en voulait spécifiquement à sa victime ?

— C'est effectivement l'option la plus plausible actuellement en l'absence de quelque autre lésion.

— Donc, si je récapitule les éléments préliminaires de l'enquête : quelqu'un qui reste à identifier que nous appellerons l'auteur sonne à la porte alors que Monsieur Nathan a déjà sorti les poubelles. Monsieur Nathan va ouvrir, se trouve face à face avec son meurtrier qui lui porte un coup avec un objet qui reste à déterminer dans l'espace que vous avez décrit, Docteur. Il ne laisse pas l'arme en place et s'enfuit avec elle.

Ces mots du juge m'interpellent. Je l'interromps :

— Pardonnez-moi, Monsieur le Juge, mais vos mots éveillent en moi une réflexion. Pourquoi n'a-t-il pas saigné ? Pourquoi, si l'arme a été retirée, n'y a-t-il pas de sang au sol alors que cette lésion l'a tué avant qu'il puisse téléphoner ?

— Et vous avez une solution, Docteur ?

— Si l'arme était restée en place, oui, mais nous savons que cela n'a pas été le cas, puisqu'elle n'est plus là.

— Et si l'auteur avait suivi la victime et avait retiré son arme alors que Monsieur Nathan était en train d'agoniser au sol ?

— En effet, c'est une possibilité, Monsieur le Juge.

— L'autopsie permettra-t-elle de nous éclairer sur ce point également ?

— Je l'espère, Monsieur le Juge, je l'espère.

— Je poursuis donc. Dans les conditions décrites, l'auteur en voulait spécifiquement à la victime. Il s'agit donc plus vraisemblablement d'un proche. Je demande à la police judiciaire d'aller cueillir sa femme infidèle, Anouchka, et l'amant de celle-ci. Mettez-les-moi sur le gril. Ce sont de bons candidats. D'autre part, je veux une perquisition et une enquête de voisinage. Au travail, Mesdames et Messieurs les Policiers. Docteur, vous autopsiez quand ?

Je me demandais quand il allait reprendre son souffle.

— Quand vous voulez, Monsieur le Juge. On peut requérir les pompes funèbres X et j'autopsierai chez elles. Je les connais bien. Elles ont une excellente table avec un très bon éclairage, de même qu'une arrivée et un écoulement des eaux tout à fait optimaux.

— Bien, je demande à la police de les requérir. On dit dans deux heures ?

— Bien, Monsieur le Juge. Vous assisterez à l'autopsie ?
— Bien sûr, je ne manque jamais une occasion de m'instruire ! »

J'aime beaucoup que les magistrats viennent en salle d'autopsie, ce qui se fait de plus en plus rarement. Il n'y a rien de tel que d'observer une lésion en vrai plutôt qu'en photographie.

Il n'est pas loin de 18 heures quand je peux commencer l'autopsie. J'ai été rejoint par un de mes collègues. Nous sommes prêts. Il n'y a plus qu'à attendre le labo pour les photos. On ne peut pas commencer sans lui. Je veux des photos du corps intact avant autopsie pour servir comme démonstration qu'il n'y a aucune lésion autre que celle que je vais décrire. C'est une preuve et, surtout, un moyen pour un éventuel autre médecin légiste, si cela devait arriver, qui serait amené à contrôler mon rapport et à vérifier les lésions par lui-même.

C'est l'un des problèmes majeurs de nos autopsies : il n'y a pas de contradicteur. Et pour cause... l'auteur, qui pourrait désigner un médecin légiste de son choix pour représenter ses intérêts et vérifier que les options prises par les médecins légistes désignés par la justice sont bonnes, est rarement connu. C'est notamment pour cette raison que l'on autopsie à deux, afin de rencontrer quand même une certaine contradiction.

Valéry arrive. Il prend la photo générale face antérieure ; je retourne le cadavre et il prend la photo générale face postérieure.

Je commence ensuite l'autopsie avec mon collègue, comme toujours par la face postérieure. Il n'y a rien à y voir, puisqu'il n'y a aucune lésion apparente. C'est effectivement ce que l'on peut déduire de l'observation rigoureuse du corps. Maintenant, il s'agit de le prouver en allant voir sous la peau si ne s'y trouve pas une lésion qui ne serait pas apparue en surface.

« — Il y a vraiment peu de chances, me lance ma stagiaire, Laura, une jeune étudiante savoyarde.

— C'est vrai, mais la justice pénale a besoin de certitudes, pas de croyances ni d'approximations, et nous devons lui en apporter un maximum. »

Effectivement : chou blanc. Comme très souvent, aucune lésion de surface, aucune lésion de profondeur, le dos est intact. Je mets Laura à la couture. Elle ne se débrouille pas mal, pour une première fois. Recoudre prend plus de temps qu'inciser et décoller la peau, mais c'est absolument nécessaire. J'en profite pour fendre la peau du crâne d'une oreille à l'autre en passant par le sommet et en récliner la partie postérieure vers la nuque. C'est plus facile quand le corps est sur le ventre. Ensuite, nous le retournons et j'ouvre la partie antérieure, depuis le menton jusqu'au pubis et d'une épaule à l'autre. Je reste du côté droit du corps, car c'est là que se situe la lésion mortelle. Je laisse mon collègue poursuivre l'autopsie cérébrale et abdominale tandis que je me charge du cou et du thorax.

Comme prévu, rien en partie latérale gauche ni antérieure du cou. Par contre, la jonction entre le cou et la grande fosse supraclaviculaire est percée d'un trou qui n'est pas complètement rond, il a une tendance à l'ovale et mesure 3 cm de diamètre en son axe principal. Je ne le découpe pas directement, je passe par le décollement de la peau du cou qui passe du menton à la partie médiane du thorax. Je saisis la peau de droite avec une pince et, au scalpel, je décolle la peau des plans musculaires, ce qui permet de voir quelques muscles majeurs avec des noms inutiles à rapporter tant ils sont imprononçables. La région est pleine de sang, rendant la vision un peu difficile.

L'un des muscles est atteint : il montre une section partielle. Je m'y attendais, vu la localisation de la lésion, et je cherche toujours quelle structure vasculaire a été touchée. Pour ce faire, j'y vais mollo avec une paire de ciseaux de dissection, des ciseaux tout fins, et une pince. Je plante la paire de ciseaux fermée dans les tissus puis, une fois en place, j'écarte les deux branches afin de déchirer les fibres conjonctives sans risquer de léser une structure importante. Ça prend du temps, mais j'adore faire cela. Assis, avec une bonne lampe, le cadavre à bonne hauteur, c'est top!

J'avance dans ma dissection et je trouve que l'arme a touché la veine et l'artère sous-clavière, dans l'espace situé directement derrière et sous la clavicule, juste au-dessus de la première côte, puis je vois que la plaie se prolonge dans le thorax. J'abandonne là ma dissection pour ouvrir le thorax. Je sectionne les articulations entre les clavicules et le sternum (l'os au milieu du thorax antérieur) puis de part et d'autre du sternum. Je retire le sternum et je distingue, droit devant, l'espace que l'on appelle médiastin qui contient la trachée, l'œsophage et le cœur avec tous ses vaisseaux. Sur les côtés, ce sont les espaces des cavités pleurales. Normalement, il ne doit pas s'y trouver de sang, mais à droite, j'en relève pas loin de deux litres. C'est énorme, et c'est mortel.

J'ai donc la cause du décès, un choc hypovolémique, c'était prévu. Je sors le bloc cœur-poumon. Je sépare le cœur des deux poumons et je dissèque la perforation que je note au sommet du lobe supérieur du poumon doit. Elle s'étend quand même sur 5 bons cm. L'arme mesure au moins 10 cm de long, sans doute un pieu ou quelqu'autre instrument qui y ressemble, en bois ou en métal, de section irrégulière.

J'avance dans le poumon quand je trouve une structure verte le long de la paroi du trou pulmonaire. Je ne comprends pas ce que ce machin vert fait là, mais je l'extrais et le prélève pour analyse ultérieure. Le reste de l'autopsie n'apporte aucun élément nouveau, sinon, et c'est important, qu'il n'y a aucune autre cause de décès possible.

Le temps passe et l'enquête s'enlise. Anouchka et son amant ont un alibi en béton: ils convolaient en amoureux à Rome lors des faits, en voyage organisé. Les enquêteurs ont vérifié. Ils y étaient bien et des photos prises par l'organisateur le prouvent. Et les voisins? Rien vu, rien entendu. Il faut dire qu'il faisait un temps à ne pas mettre le nez dehors.

Le temps passe, on est désormais en plein été et le juge décide d'organiser une reconstitution, question de fixer les différents aspects et points de vue de l'enquête. Je relis mon rapport. C'est là que je me rends compte qu'il reste le prélèvement vert à analyser. Je le sors, le dépose sur une lame et le passe au microscope.

C'est du végétal! Mais qu'est-ce qu'un végétal fait dans un poumon? Il ne vient pas de la respiration, ce n'est pas possible, il vient de l'arme utilisée qu'on ne retrouve pas. Et me voilà parti pour un outil de jardinage. Je préviens le juge qui envoie les policiers vérifier les outils de l'abri de jardin. Sait-on jamais?

Il me reste quelques jours avant la reconstitution. J'en profite pour contacter un ami botaniste, Vincent. Il est plutôt spécialisé dans les champignons, mais a une culture très large.

« — Peux-tu me dire ce que c'est, à part que c'est végétal?

— Ça vient d'où?

— D'une plaie qui a tué un homme.

— C'est vrai que c'est toujours réjouissant, avec toi.

— Ben, c'est un peu mon métier qui veut ça...

— Comment est-ce que ce végétal a pu se trouver dans la plaie?

— C'est toute la question. Il a été amené par l'arme qui a servi, ça c'est sûr, mais je pense qu'il serait intéressant de l'identifier, et puis j'ai un autre souci. Normalement, une substance qui se trouve à la surface d'une arme est déposée sur la peau, à l'orifice ou près de l'orifice d'entrée, pas à 8 cm de profondeur dans les tissus. Je ne comprends pas.

— C'est de la mousse.

— De la mousse? Comment ça, de la mousse?

— De la mousse végétale comme il en pousse sur les toits.

— Sur les toits?

— Oui, c'est surtout sur les toits qu'on la trouve, ou sur des pierres.»

Je reste perplexe et c'est dans cet état que, quelques jours plus tard, j'arrive à la reconstitution qui se déroule sur place. Tout le monde est déjà là quand j'arrive, et pourtant, je ne suis pas en retard. Je salue, la reconstitution commence. Un policier de la même taille que Nathan joue le rôle de la victime, un autre celui de l'auteur. On se rend compte que, vu la marche du seuil et l'angle du coup porté, celui-ci doit être grand.

Il fait très chaud, aussi chaud qu'il faisait froid au moment de la descente. Nous sommes dehors et je vois pour la première fois la maison en plein jour. C'est une maison à un étage avec des chambres mansardées, un toit pointu en tuiles rouges, dont le pan antérieur descend jusqu'au rez-de-chaussée.

La météo, c'est toujours un sujet de discussion inépuisable. M'adressant à mon voisin, Nicolas, un policier qui était à la descente :

« — Qu'est-ce qu'il fait chaud ! On va mourir !

— Oh oui, vous vous souvenez comme il faisait froid à la descente ? Ça change !

— Je ne sais pas si je ne préférais pas ça. On risque l'insolation, quand même.

— Oui, mais ce n'était pas mieux à la descente.

— Ah bon ? On n'allait pas se laisser mourir de froid, vous savez !

— Ce n'est pas ça, Docteur, mais j'ai dû casser toutes les stalactites qui pendaient du toit. Vous imaginez qu'un d'entre nous s'en serait pris une ? C'est que ça peut faire mal, ces machins-là.»

On m'aurait giflé ou mis un coup de *taser* que ça m'aurait fait le même genre d'effet. Des stalactites ! Comment n'y ai-je pas pensé ?

« — Putain, m'exclamé-je si fort que tous se retournent.

— Ça va, Docteur ? m'interroge le juge.

— On ne peut mieux, Monsieur le Juge. A-t-on une échelle? Je voudrais monter sur le toit.

— Vous êtes sûr que ça va, Docteur?

— Oui, oui, Monsieur le Juge. Juste une chose à vérifier et je vous reviens.

— Voilà votre échelle qui arrive, mais vous m'inquiétez. M'expliquerez-vous?

Sans répondre, je pose l'échelle à côté de la porte d'entrée, je monte jusqu'au toit où je trouve... de la mousse végétale. Je lance:

— Eurêka! Voilà une mousse qui fait vraiment plaisir!

Le juge est décontenancé. Il ne voit pas où je veux en venir.

— J'ai trouvé le meurtrier, Monsieur le Juge!

— Sur le toit? Vous m'en direz tant!

— Plus précisément sous le toit. Lors de la descente et dans les suites de l'enquête, nous n'avons pas trouvé d'arme susceptible d'avoir causé la mort. Lors de la descente, il n'y avait guère de traces de sang avant la mare qui baignait la tête et le haut du corps de Nathan et nous avons imaginé que l'arme était restée en place et que, peut-être, le tueur était venu la récupérer dans le corps de Nathan, une fois celui-ci tombé au sol. Tout cela se tenait et a servi de base de réflexion à l'enquête. Toutefois, dans la plaie, à 8 cm de profondeur depuis l'entrée, j'ai trouvé des traces d'un matériel vert que j'ai finalement examiné au microscope et qui s'est avéré être du végétal. J'ai soumis ce végétal à un spécialiste qui m'a précisé qu'il s'agissait de mousse, la même que celle que j'ai trouvée sur le toit, au-dessus de la porte d'entrée. Or, cette mousse ne pouvait se trouver sur l'arme, sans quoi c'est à l'entrée de la plaie que je l'aurais trouvée. Et grâce à Nicolas, le policier avec lequel j'échangeais, je viens de comprendre. Pour être si distante de l'orifice d'entrée, cette mousse ne pouvait qu'être dans l'arme. Ce qui est incompréhensible. Or, Nicolas vient de me préciser qu'il avait cassé des stalactites qui pendaient du toit avant que nous arrivions, de peur que l'une d'elles nous blesse en se détachant. C'est donc une stalactite qui est tombée sur Nathan tandis qu'il revenait, sans doute, d'avoir porté les poubelles sur le trottoir. Il était donc habillé comme à l'intérieur pour un si court trajet. En rentrant, la stalactite lui est tombée dessus, dans l'espace décrit. Vu les vaisseaux lésés, un saignement s'est immédiatement produit à l'intérieur de sa cage thoracique, à droite. Il s'est dirigé vers le téléphone pour appeler à l'aide. La stalactite toujours en place a empêché la sortie de sang qui aurait laissé des traces. Alors qu'il saisissait le téléphone, il est passé en hypovolémie, ce qui a entraîné sa chute, puis une perte de connaissance, puis sa mort. La stalactite a progressivement fondu au contact de la chaleur du corps et de celle de la pièce, libérant le sang qui s'est répandu de manière passive, depuis le thorax droit, jusqu'au sol. Voilà voilà voilà ! »

La tête du juge et des enquêteurs fait plaisir à voir !

La fin de Dracula

Il y a, dans ma salle d'autopsie, un grand bocal qui contient un thorax humain. Nous sommes habitués à l'y voir, mais il surprend toujours les visiteurs. Il faisait autrefois partie d'un « musée médicolégal » aujourd'hui disparu.

Mon université, l'Université de Liège, est née en 1817, à une époque où la photographie n'existait pas et où le respect des corps n'avait pas le même sens ni la même portée qu'aujourd'hui.

Enseigner l'anatomie est une chose compliquée quand on le fait avec les seuls mots. Il est bien plus aisé de montrer les structures décrites que de les imaginer. Napoléon a dit : « Un bon croquis vaut mieux qu'un long discours », et c'est vrai aussi en anatomie. Le premier à l'avoir compris est André Vésale (1514-1564), fameux chirurgien de la Renaissance, le premier à avoir publié un livre d'anatomie, *De humani corporis fabrica*[5] (1543), en y intégrant les dessins des structures décrites, trois cents dessins magnifiques réalisés par l'école du Titien[6]. Même si cela prête à sourire aujourd'hui, il n'en allait pas de même à l'époque où cela a fait un tollé, car ses contemporains ne pouvaient concevoir de dessiner l'anatomie et l'Église l'a mis à l'index[7]. *De humani corporis fabrica*,

5 « À propos de la fabrique du corps humain ».
6 Ou Tiziano Vecelli, peintre et graveur italien.
7 Procédure en vigueur de 1559 à 1966 par laquelle l'Église mettait une œuvre jugée impie ou dangereuse sur une liste noire.

ouvrage fondateur de l'anatomie moderne, est aujourd'hui considéré comme l'un des plus beaux livres du monde.
Pour parfaire l'enseignement de l'anatomie, même si le dessin est d'une grande aide, rien ne vaut la visualisation des pièces réelles. On l'a si bien compris qu'aujourd'hui encore, nos étudiants en médecine pratiquent la dissection, même si la mode est à l'autopsie numérique.
Il n'en a pas toujours été ainsi. C'est l'Université de Bologne, la première université au monde, qui, au XIIIe siècle, a avant les autres réalisé des dissections humaines ; ce n'est qu'en 1340 que les premières dissections ont eu lieu en France, à Montpellier, puis à Paris à partir de 1407, pour y devenir pratique courante à partir de 1470.
Puisque la photographie n'existait pas, les universités disposaient de prosecteurs, des personnes formées à la dissection et capables de réaliser des pièces anatomiques de démonstration, utiles à l'enseignement. Certaines de ces pièces ornent encore les couloirs de nos instituts d'anatomie, même si elles ont un peu perdu de leur utilité. Aujourd'hui, la technologie moderne nous permet de visualiser n'importe quelle structure anatomique de façon claire et précise, ce qui est utile pour la révision plus que pour la découverte : rien ne vaut la découverte « en vrai », selon moi, qui suis déjà un dinosaure dans le métier (plus de trente ans de pratique, plus de vingt ans d'enseignement, et une retraite qui approche à grands pas).
La dissection, c'est l'apprentissage de l'anatomie ; la connaissance de l'anatomie, c'est la base de la médecine. C'est pour cela que la dissection ne sera jamais remplacée par quelque technologie que ce soit, parce qu'elle est la base de l'apprentissage de la médecine.

Ces pièces anatomiques sont conservées dans de grands bocaux remplis de formol pour assurer leur conservation. Elles sont là plus pour l'histoire que pour la démonstration, mais aussi parce que certaines sont de vraies œuvres d'art, que l'on doit à la dextérité de nos prosecteurs. Dans ces contenants, nous disposons de peaux percées par un couteau ou une balle d'arme à feu, par exemple. Un cadavre quasiment complet est suspendu dans une espèce de sarcophage que l'on peut observer à travers une vitre. Nous l'appelons « la momie », mais il s'agit en fait d'un corps qui a été retiré des eaux de la Meuse au siècle dernier, complètement saponifié, transformé par son séjour dans l'eau. Il lui manque la tête, les membres supérieurs et le sexe, mais la saponification est bien visible.

> Avant la Deuxième Guerre mondiale, l'Université de Liège avait une collection bien plus nombreuse. Je n'ai évidemment pas connu ces pièces, mais mon prédécesseur m'a raconté leur histoire. Au cours du temps, diverses pièces anatomiques destinées à la démonstration pour l'enseignement ont été accumulées dans ce que l'on appelait le « musée médicolégal », visitable par les étudiants pour parfaire leurs connaissances, mais aussi assouvir leur curiosité, qui n'est pas nécessairement un défaut. Que serions-nous sans cette curiosité qui nous pousse à nous instruire ? Durant la guerre, les concierges avaient un jour tendu leur linge dans cette pièce pour l'y faire sécher. Pour faciliter le séchage, ils avaient ouvert les fenêtres. Malheureusement, un formidable coup de vent (ou une formidable explosion ?) a emporté les draps et, avec eux, les armoires qui contenaient les bocaux. Beaucoup d'entre eux ont explosé au contact du sol et les pièces anatomiques qu'ils contenaient ont dû être jetées.

Et voilà comment un bocal contenant un thorax s'est retrouvé dans ma salle d'autopsie. Il fait partie des murs. Voici son histoire.

Au siècle dernier, voire au précédent, Léon et Gerlando étaient voisins. Au début, leur entente était cordiale, mais le temps passant, elle s'est détériorée. Cela arrive parfois. Ils ne se sont pas disputés, non, mais Gerlando a changé, il est devenu mystique, disait-on. Ainsi, il a meublé sa maison de bougies, toujours allumées, même à proximité des rideaux, risquant à tout moment, au moindre coup de vent, d'y mettre le feu. Léon le lui a fait remarquer. Pas content, Gerlando lui a balancé : « Tu es un être mauvais », ce qui n'a pas arrangé les choses entre eux.

Plus tard, Félix, le chat de Léon, a disparu. Léon en a parlé à ses voisins : Félix serait-il bloqué quelque part, dans une cave, par exemple ? Mais personne ne l'avait vu. Un jour, Pierre, victime d'insomnies, a vu, par la fenêtre de sa chambre, Gerlando enterrer des sacs dans un terrain vague en face de sa maison. Ce comportement lui a semblé plutôt étrange ; il a évidemment imaginé que si Gerlando agissait ainsi, c'est qu'il avait quelque chose à cacher. Le lendemain, Pierre a raconté à Léon ce qu'il avait vu. Tous deux ont décidé de mener une opération commando et d'aller déterrer les sacs en question. Et alors que la nuit venait de tomber, voilà nos deux voisins en train de creuser la terre. Il n'a pas fallu creuser bien profond pour trouver les sacs, mais l'odeur qui en émanait était insupportable. C'est avec des haut-le-cœur que Léon et Pierre ont découvert que les sacs contenaient des cadavres de chats éventrés. Et parmi ces chats, Léon a reconnu Félix. Léon est devenu fou furieux. Il s'est rué chez Gerlando, a tambouriné à sa porte comme un malade en gueulant : « Tu as tué mon chat, salaud ! Je vais t'ouvrir le bide comme tu le lui as fait ! T'ouvrir vivant, espèce de merde, espèce de malade ! »

Léon était si énervé qu'il a menacé de défoncer la porte pour faire la peau de Gerlando, qui s'est cloîtré dans sa maison et ne s'est plus manifesté. La police est arrivée. Après quelques explications de Léon qui a fini par se calmer, la police a à son tour tambouriné à la porte de Gerlando, mais il n'a pas ouvert.

À cette époque, la maltraitance animale n'était pas considérée comme une infraction et les policiers n'avaient donc pas de motif légal pour interpeller Gerlando, et sûrement pas pour perquisitionner sa maison. Ils ont décidé de rentrer et de faire rapport à leur supérieur.

Il n'y a pas eu de suites. Léon n'en pouvait plus de ce Gerlando, qui vivait de l'autre côté du mur mitoyen, du mur de son couloir. Comment l'oublier, alors qu'il voyait sa maison chaque fois qu'il rentrait chez lui ? Qu'il voyait son jardin mal entretenu chaque fois qu'il regardait par la fenêtre ? La présence et même l'existence de Gerlando lui étaient devenues insupportables. Un jour, Léon a pénétré chez son voisin par effraction. Il y régnait une odeur pestilentielle, mêlant poussière et transpiration, et même putréfaction. Léon s'est dit que Gerlando devait avoir d'autres animaux morts quelque part, sur lesquels il avait dû se livrer à des atrocités similaires à ce qu'il avait fait à Félix. Cette simple idée l'a renforcé dans la conviction qu'il fallait faire ce qu'il s'apprêtait à commettre. Léon est entré dans le salon et a trouvé Gerlando endormi dans le canapé. Il a levé le manche de bois de la pelle qu'il avait prise avec lui et a frappé Gerlando à la tête. Celui-ci, qui venait d'ouvrir un œil, a replongé pour un moment.

Léon a visité la maison et ce qu'il a vu l'a sidéré. Outre des bougies allumées partout, il a trouvé, dans la cuisine, des cadavres d'animaux, chats et chiens, égorgés ainsi qu'une carafe et un verre pleins de leur sang. En toute logique, Léon en a déduit que Gerlando buvait le sang de ces animaux. En effet, après les avoir saignés en leur tranchant la gorge, Gerlando leur avait ouvert le thorax et l'abdomen, laissant les organes à l'air libre. Léon ne parvenait pas à détacher ses yeux des cadavres de ces pauvres bêtes.

Un miaulement l'a distrait. Un chat était enfermé dans une cage dissimulée sous l'évier. Il a extrait la cage, est sorti au jardin et a laissé le chat partir. Léon est revenu à la cuisine, a à nouveau porté les yeux sur le cadavre de l'animal ouvert sur la table comme pour une dissection. En y regardant de plus près, il s'est rendu compte qu'il y avait des dégâts du côté gauche du thorax, où un organe avait disparu. Vu la localisation, cet organe, c'était le cœur. Mais qu'est-ce qu'il avait bien pu faire du cœur ? En toute logique, Léon en a déduit que Gerlando mangeait le cœur de ces animaux. Il a alors imaginé ce qu'avait vécu son chat. Et puisque la police ne pouvait rien, lui allait agir.

Gerlando s'est réveillé, couché sur le dos. Ressentant un abominable mal de tête, il a tenté de lever une main vers son crâne mais n'y parvenant pas, il s'est rendu compte que ses mains étaient entravées. Se réveillant petit à petit, il a reconnu le plafond de sa cuisine. Il était couché sur la table et il ne pouvait pas bouger. Il était attaché. Il a crié, il a hurlé, la panique s'est emparée de lui. Il s'est souvenu qu'il s'était endormi dans le divan. À présent, il était attaché comme ses victimes avant lui. « Au secours ! Vous êtes là ? Je sais que vous êtes là ! Répondez-moi ! Que me voulez-vous ? Que vous ai-je fait ? Répondez ! » Léon était dans le salon. Il l'écoutait, attendant son heure. Il prenait son temps. Il était en train de tailler une pièce de bois, en silence, délicatement. Du bois bien dur qu'il taillait en pointe. Au bout d'un moment, Gerlando s'est tu, attendant pour sa part le retour de son agresseur. Les questions, obsédantes, se bousculaient dans sa tête. Qui était-il donc ? Que lui voulait-il ? Pas le tuer, il aurait déjà eu tout le temps de le faire. Ce n'était pas un cambrioleur, il se serait contenté de l'assommer. S'il était attaché dans cette position, c'était par quelqu'un qui lui en voulait. Mais qui, et pourquoi ?

Du bruit, enfin. Qu'on en finisse ! « Vous êtes là ? Qui est-ce ? » Léon a fait son apparition dans la pièce. « C'est toi, Léon ! Mais qu'est-ce que tu fais là ? C'est toi qui m'as attaché ? » Léon n'a pas dit un mot. D'une main, il a posé un pieu de bois pointu sur le thorax de Gerlando, juste à hauteur du cœur. Gerlando a senti la pointe très aiguisée. Dans son autre main, Léon tenait un maillet. « Qu'est-ce que tu fais ? Mais ça ne va pas ? T'es malade ? » Léon a souri. « C'est à cause de ton chat ? Écoute, je suis désolé, vraiment, je m'en veux du mal que je t'ai fait, mais ne fais pas ça. Ne fais pas ça ! » Léon souriait toujours. « Mais enfin, tu ne vas pas me tuer pour un chat. Ce n'était qu'un chat ! »

Léon ne souriait plus. C'était exactement ce qu'il ne fallait pas dire. C'était son chat, son Félix. « Gerlando, tu vas mourir. Je vais te crever comme le vampire que tu es, à boire le sang des animaux. Bien le bonjour à Dracula. » Gerlando a crié, s'est débattu comme un diable, mais il était bien attaché et il n'y avait que Léon pour l'entendre. D'un geste puissant et affirmé, sans la moindre hésitation, Léon a frappé du maillet sur le pieu bien pointu et, en trois coups, l'a fait pénétrer profondément dans le thorax, pile à hauteur du cœur. Gerlando a continué à se débattre et à crier, puis les cris ont baissé en intensité, les plaintes aussi, puis il a perdu connaissance et il est mort.

C'est le thorax de Gerlando qui se trouve dans ce bocal, dans ma salle d'autopsie, depuis vraisemblablement plus d'un siècle, bien qu'on ne connaisse pas la date précise de sa mort. Je ne sais pas si cette histoire est vraie, mais c'est celle qui m'a été racontée. Je l'ai un peu romancée, je l'avoue. Ce bocal intrigue chaque visiteur ; tous sont impressionnés par ce pieu planté dans le thorax. On le voit traverser la peau et s'enfoncer dans le cœur.

Cette histoire n'est pas sans évoquer celle du comte Dracula, personnage de fiction créé par l'écrivain irlandais Bram Stoker en 1897, dans un roman épistolaire qui a connu un grand succès. L'histoire s'inspire d'un personnage qui a vraiment existé au XVe siècle, Vlad Tepes[8], prince de Valachie,

8 « Pourquoi peut-on dire que Dracula n'est pas une légende ? », dans S. Bern, *Les pourquoi de l'histoire 2*, Paris, Albin Michel, p. 60-62.

en actuelle Roumanie. Vlad est né en 1431 et s'est illustré par les empalements qu'il faisait perpétrer sur ses ennemis, dont des membres de sa famille. Ce charmant personnage a reçu le surnom bien mérité d'« empaleur ». Il se faisait également appeler « Dracul », en tant que membre de l'ordre du dragon, une confrérie créée au siècle précédent dans le but de défendre la chrétienté contre les Ottomans. C'est de là que vient le mot « Dracula », qui sert de nom au personnage de Bram Stoker. Selon la légende, les vampires peuvent être tués d'un pieu planté en plein cœur, car le bois dont est fait le pieu est lui-même mort ; la mort se diffuse ainsi dans tout l'organisme par le sang et tue le vampire.

Parmi les bocaux qui ont échappé à la casse et qui sont conservés dans les caves de l'Institut médicolégal (IML), il en est un qui contient une main porteuse d'une plaie par coup de couteau, peut-être une lésion de défense. Sur l'un des doigts, on voit une plaie par instrument tranchant, bien nette, typique. Ce type de lésion peut se produire dans deux situations : soit parce que le porteur du couteau l'a manipulé maladroitement, soit parce que celui à qui appartenait la main a tenté de se défendre contre une agression au couteau. Le réflexe, lorsqu'on est agressé par un couteau, est de tenter de le saisir pour désarmer l'auteur. En général, cela se solde par un échec : le couteau étant fait pour être tenu par le manche, celui qui le tient dispose d'un sérieux avantage sur celui qui veut le désarmer. Ce faisant, puisque la victime saisit le couteau par la lame, elle se blesse à la main sitôt celle-ci refermée sur la lame et que celui qui tient le couteau par le manche le retire. La preuve que ce n'est pas une bonne idée, c'est que la main de la victime est dans un bocal.

D'autres bocaux contiennent notamment des fœtus qui n'ont pu aller au bout de leur développement pour cause de malformations graves, comme l'absence de cerveau.

Il y a aussi cette peau du thorax d'une femme qui a été lardée de coups de couteau. Selon moi, il s'agit d'une femme qui a été victime d'un féminicide, tuée par un amoureux éconduit, ou en tout cas par quelqu'un qui avait des raisons très personnelles de s'acharner sur elle. Il s'agit le plus souvent d'hommes que le désespoir, la colère ou la jalousie rendent véritablement fous de douleur psychique et de rage. Ils s'en déchargent en tuant leur victime, quasiment toujours à coups de couteau, quasiment toujours au thorax, quasiment toujours par un grand nombre de coups, souvent plus de trente. Quasiment toujours aussi, ils ne se souviennent pas d'en avoir donné autant et, le plus souvent, ils ne mentent pas : leur cerveau a scotomisé les coups au-delà des tout premiers.

Il y a encore cette peau marquée par le passage d'un véhicule. Visiblement quelqu'un qui a été écrasé par une voiture.

Pour la petite histoire, mon université s'est vu offrir, en 1824, la tête du dernier guillotiné liégeois dont j'ai déjà parlé dans un précédent livre[9]. Il s'appelait Rahier et avait tué le curé d'un village qui l'avait surpris en train de le cambrioler. Elle a été offerte par les instances de la Ville à la jeune université qui ne possédait pas encore de collection anatomique pour servir à l'enseignement. Cette tête a spontanément momifié et, au bout d'un long périple, a été confiée au musée de la Vie wallonne à Liège où elle est visible dans la pièce où est également exposée la guillotine responsable de sa décollation.

9 « Histoire de cour d'assises », dans *Les morts ont la parole*.

À gorge déployée

Le vent ne cesse de souffler en cette matinée de grisaille comme les gens du Nord la connaissent bien. Pluie fine, vent par rafales, ciel gris... le Nord, quoi ! Celui que chantait Brel dans *Le Plat Pays* : « Avec un ciel si gris qu'il faut lui pardonner, avec le vent du nord qui vient s'écarteler... Écoutez-le craquer, le plat pays qui est le mien. » Même si la chanson est superbe, ce matin, le temps n'est pas à la poésie : c'est le genre de journée où l'on préfère être au chaud chez soi. « C'est un temps à ne pas mettre un chien dehors », me dis-je en regardant Elsa, mon chien, qui n'aime pas beaucoup avoir les poils mouillés et le museau fouetté par le vent. C'est alors que le téléphone sonne.

« Docteur, j'ai un cadavre pour vous ! » Formule rituelle et quasiment consacrée par l'usage, qui m'envoie sur les routes de ma province à la rencontre de ceux qui ont eu la bonne idée de mourir ou de commettre un crime durant ma garde. Me voilà donc en chemin pour aller voir un mort dont je ne sais rien, si ce n'est qu'il est mort et qu'il se trouve là où le magistrat m'a demandé de me rendre.

Le rôle du médecin légiste ne peut s'exercer que dans la neutralité la plus stricte, sans émotion. La neutralité, telle qu'imposée par la loi à l'exercice de ma fonction, est la garantie d'une bonne justice. L'expert doit être neutre, ce qui signifie qu'il ne peut pas être pris par ses sentiments et qu'il ne peut en aucun cas se trouver dans un conflit d'intérêts. L'un des éléments essentiels qui rendent ce métier praticable, c'est de ne pas connaître la personne que l'on examine.

Il y a quelques années, j'ai été appelé sur une scène de crime à 1 heure du matin. Pour une fois, je n'étais pas au lit : j'étais depuis 22 heures sur une autre scène de crime, où j'avais examiné le corps d'un schizophrène toxicomane qui s'était planté à lui-même une belle quantité de coups de couteau au thorax devant les témoins médusés. Il portait déjà de très nombreux points de suture pour des plaies thoraciques qu'il s'était faites la veille ; elles avaient été traitées en milieu hospitalier mais il s'en était échappé en entendant parler d'hospitalisation en milieu psychiatrique. Il ne bougerait plus, sinon pour se rendre au cimetière, transporté par les pompes funèbres. C'est tellement triste, une vie perdue bêtement parce que la maladie mentale a pris le dessus et a conduit la personne à une mort qui aurait pu être évitée. Et c'est encore plus triste quand le mort est une personne qui a été agressée par le malade mental, chose que l'on voit trop souvent.

J'arrive sur les lieux à 5 heures du matin ; les magistrats m'attendent déjà. Il y a trois morts : le mari, son épouse et la nouvelle compagne de son épouse. On connaît déjà toute l'histoire : après avoir tué les deux femmes, le mari s'est suicidé. L'action publique est donc éteinte par la mort de l'auteur et il n'y aura pas d'autopsie. Le magistrat désire juste un examen extérieur des trois corps pour que son dossier soit complet, sans plus.

Comme d'habitude, je fais d'abord le tour des corps, qui sont dans des pièces différentes, puis je retourne auprès des policiers pour connaître l'identité des trois personnes. L'identité du mari et celle de son épouse sont connues, mais pas celle de l'autre femme. Les indications que me donnent les policiers quant à la profession de cette dame me permettent néanmoins de l'identifier. Je la connais. Je la connais même très bien, c'est une amie. Je vacille. Je ne peux imaginer que ce soit possible. Cette réaction est parfaitement normale : c'est la première phase du travail de deuil, qui consiste à nier la réalité des faits et à dire : « Ce n'est pas possible, ce n'est pas vrai ! » Je retourne auprès du corps que j'ai déjà regardé sans

le reconnaître. En effet, la mort elle-même change l'aspect d'une personne. Si elle est couchée sur le dos, le visage est blanc, le sang qui lui donnait son teint a disparu et les traits sont flasques, la tonicité musculaire ayant elle aussi disparu. Si elle est couchée sur le ventre, le visage est bleu parce que le sang s'accumule dans le réservoir veineux des parties basses, donc dans le visage et dans le reste de la face antérieure du corps, qui est donc toute bleue elle aussi. Je vis là l'un des pires moments de ma carrière.
Je retourne auprès du juge pour me désister de ma mission. Cela ne l'arrange visiblement pas. Je suis alors le seul médecin légiste disponible à Liège : nous traversons une bien triste période où plus personne ne veut s'investir dans ce métier exigeant, éprouvant, aux nombreuses gardes et mal payé. Il va falloir faire venir un médecin légiste d'une autre province, à condition qu'il accepte, ce qui va largement retarder ce simple examen extérieur. Le juge, parfaitement conscient de la situation, me demande néanmoins d'accepter cette mission. Je finis par y consentir, en me persuadant qu'il s'agit du dernier hommage que je puisse rendre à mon amie.

Mon territoire de travail s'étend sur deux provinces, celles de Liège et de Luxembourg, soit le sud et l'est du pays. Là, je dois me rendre en province du Luxembourg, une province que j'aime beaucoup, très vallonnée, très boisée, très rurale, très jolie et dont ma mère est issue. Comme mon père était de Liège, mes gènes sont donc uniformément répartis sur les deux provinces qui constituent mon territoire médicolégal.

Quand j'arrive sur place, les voitures de police sont devant la maison, une petite fermette coquette qui s'ouvre sur une petite cour entourée de murs. Les policiers me saluent, les magistrats sont déjà arrivés et le labo a fini de faire les prélèvements sur la scène de crime, c'est-à-dire à l'endroit où se trouve le cadavre. Pour une fois, je peux me consacrer au mort dès mon arrivée.

Je salue les magistrats à l'entrée. On échange les politesses d'usage. « La route a été bonne ? Pas trop loin pour vous, Docteur ? Beaucoup de travail ? Comment ça va à Liège ? », puis on entre dans le vif du sujet :

« — Le corps est dans la pièce à côté. Vous allez voir, il est zébré de coups de couteau et il y a du sang partout.

— On a une idée de ce qu'il s'est passé ?

— Oh oui, Monsieur est un coureur de jupons invétéré, malgré ses 65 ans !

— Ah, je parie qu'il y a des jaloux qui lui en veulent.

— Comme vous dites, Docteur. Monsieur a séduit une jeune femme de trente ans sa cadette qui, pour sortir avec lui, a laissé tomber son copain du même âge qu'elle.

— Belle santé, le gars ! La phrase m'échappe.

— Oui, mais ça lui a coûté la vie, car visiblement, le cocu n'a pas apprécié et est venu rendre une petite visite à son rival.

— Le cul et les écus, comme je dis toujours.

— Comme vous dites, Docteur. Le cocu n'est pas venu les mains vides, il s'est muni d'une serpette et a lardé notre homme de coups.

— Une serpette ? Voilà qui est original ! »

Je suis autorisé par le labo à pénétrer dans la maison. Le corps est en décubitus dorsal dans le salon qui jouxte le vestibule d'entrée. Et, en effet, du sang est tombé en gouttes et en nappe sur le sol, dans le salon, dans le vestibule et jusque devant l'entrée de la maison. Il s'agit du propriétaire de la fermette. Il est âgé de 65 ans, a un certain embonpoint, est torse nu et a le haut du thorax et le visage zébrés de larges coupures superficielles. C'est le type de blessures occasionnées par un instrument tranchant.

On distingue trois types de lésions par arme blanche : les lésions par instrument piquant comme l'aiguille ou le fleuret d'escrime non moucheté ; les lésions par instrument piquant-tranchant comme le couteau, un instrument à l'extrémité piquante et dont au moins un bord est tranchant. L'extrémité piquante permet de franchir le revêtement cutané et le bord tranchant permet d'assurer la pénétration de l'objet ; et enfin les lésions par instrument tranchant tel que le sabre, la lame de rasoir, la lame de cutter, c'est-à-dire un instrument qui pénètre peu mais qui touche une grande surface. Notez que tout dépend de la manière de se servir de l'instrument : un couteau dont on donne un coup non pas d'avant en arrière, perpendiculairement au corps de la victime, mais de manière longitudinale, comme en faisant un moulinet avec le bras, peut donner une lésion typique d'un instrument tranchant. À l'inverse, un cutter que l'on plante dans le corps de la victime dans un mouvement perpendiculaire au corps donne une lésion typique d'un piquant-tranchant.

L'arme du crime est sur place, c'est bien une serpette, soit une lame sur un manche. La lame, dont l'extrémité est pointue, est incurvée et présente un bord externe qui a été soigneusement aiguisé.

« — Et où est l'auteur ?

— Il est en fuite. J'ai lancé un mandat. Vous avez besoin de lui ? me répond le juge d'instruction.

— Quand on l'aura, il sera intéressant de l'examiner, car il y a ici, à côté du cadavre, un couteau à extrémité pointue et je me demande si la victime ne s'en est pas servie pour se défendre du cocu. Vérifiez quand même s'il n'est pas hospitalisé. »

J'enfile mes gants de vaisselle jaune[10] et je poursuis l'examen en déshabillant le corps, ou plutôt en retirant ce qui lui reste de vêtements, puisqu'il est torse nu, ce qui est assez étrange car il ne fait pas chaud. Il faut dire que je suis frileux. Tout le monde n'a pas son thermostat interne fixé sur la même température.

10 Je préfère les gants bleus, mais je n'ai pas encore trouvé la marque qui me convient dans cette couleur.

Une fois le corps déshabillé, j'allume ma lampe frontale et je commence mon examen par la face dorsale du corps que je retourne sans peine grâce à ma technique qui consiste à le saisir à la hanche et à l'épaule. C'est le plus simple et c'est la méthode qui demande le moins d'efforts. Une fois sur le ventre, je l'examine de la tête aux pieds puis des pieds à la tête à la recherche de la moindre lésion. Que la lésion soit récente ou ancienne, peu importe, tout doit être relevé. Lors de cet examen, il n'est pas question d'aller à la recherche d'un type défini de lésion comme une trace de coup de feu, d'étranglement, de maintien. Agir de cette manière, c'est l'assurance de rater les lésions qui ne font pas partie de la catégorie choisie. On relève toutes les lésions sans la moindre distinction et puis on les interprète, pas l'inverse.

Le dos ne présente pas la moindre lésion. Je le replace sur le dos, avec la même technique. Je pratique de la même manière et relève les lésions. Le visage est lacéré de dix coups, la face antérieure du cou de huit coups, le thorax de onze coups et les faces dorsales des avant-bras de six coups, qui sont autant de lésions de défense de l'agressé qui a mis ses bras en avant pour se protéger: au total, trente-cinq coups. Il s'est acharné, le cocu trentenaire. On devine sa colère... Sa virilité a dû prendre un sacré coup: un coup de serpette par année de différence avec le sexagénaire.

Il reste qu'on ne meurt pas de coups superficiels, caractéristiques des instruments tranchants. Mais une lésion attire mon attention. Elle se situe quelques centimètres en arrière du menton et est plus profonde que les autres, tellement profonde qu'au doigt, je n'en touche pas le fond. En même temps, je ne veux pas trop forcer pour éviter de modifier la lésion. J'attendrai l'autopsie pour vérifier les structures qu'elle atteint, mais je suis certain que c'est elle qui a engendré le décès, toutes les autres étant trop superficielles pour l'expliquer, à moins qu'il ait fait un arrêt cardiaque suite à l'agression, ce qui est toujours possible vu son âge et son embonpoint.

À ce stade, deux hypothèses sont en lice pour expliquer le décès : soit c'est l'atteinte d'une structure par la pointe de la serpette qui l'a engendré, soit c'est un arrêt cardiaque provoqué par le stress de l'agression. J'avoue que ces hypothèses tiennent plus de la rhétorique que de la réalité concrète, car vu la quantité de sang au sol, nul doute qu'il est mort d'un choc hypovolémique. C'est cela aussi qui me plaît en médecine légale, la nécessité d'intégrer les observations faites sur place, les indications des enquêteurs, les observations des autres experts, quand il y en a, qui permettent d'aboutir à une solution qui est souvent le résultat de l'intégration de toutes ces données.

En fait, à ce stade, je pense qu'un gros vaisseau du cou a été sectionné par la serpette, soit l'artère carotide qui amène le sang depuis le cœur jusqu'au cerveau, soit la veine jugulaire qui ramène le sang depuis le cerveau vers le cœur. Le juge d'instruction me requiert bien évidemment pour l'autopsie et le corps est amené à la morgue de l'hôpital voisin. Je suis rejoint par un collègue : une autopsie se fait toujours à deux, non seulement parce qu'il y a plus d'idées dans deux têtes que dans une seule, mais également pour que la contradiction soit possible, dans un échange d'idées constructif. Tout diagnostic doit toujours être éprouvé, ce qui est plus facile à deux que seul.

Les pompes funèbres déposent le corps sur le ventre sur la table d'autopsie. Pendant ce temps, j'enfile les vêtements adéquats : une tenue de chirurgie et un tablier en plastique par-dessus. J'enfile mes gants désespérément jaunes et je commence par inciser le dos de haut en bas, de la base de la nuque jusqu'aux fesses, puis depuis la pointe des fesses[11] jusqu'aux talons et depuis les épaules jusqu'aux poignets. Je décolle la peau, laissant apparaître les masses musculaires sur l'ensemble de la

11 Partie inférieure des fesses, plus précisément région des tubérosités ischiatiques : les os pointus situés à la base du bassin, sur lesquels on s'assied. On les sent quand on est sur une surface dure.

face dorsale, ce qui permet de vérifier qu'il n'y a pas de lésion en profondeur qui n'aurait pas été visible en surface cutanée, comme un hématome profond, par exemple.

Le corps est retourné sur le dos et j'incise du menton au pubis et d'une épaule à l'autre, en croix. C'est une technique autopsique, pas un symbole religieux. Je ne fais pas une croix pour les chrétiens, un croissant pour les musulmans et une étoile de David pour les juifs.

Aucune des lésions au thorax, au visage et aux avant-bras n'est profonde, ce qui confirme ce que j'ai constaté lors de l'examen extérieur. Il en va de même au cou, sauf pour la lésion plus profonde déjà identifiée. En dégageant la peau du cou à droite, je trouve une importante inondation hémorragique qui s'étend très largement jusqu'à la base de la langue en haut, le long de la carotide et de la jugulaire en bas et assez largement sur les côtés. À la dissection, je repère que la carotide et la jugulaire ont été sectionnées, entraînant une hémorragie mortelle dont les traces jonchent le sol de la fermette.

Enfin, nous recousons.

Il est vrai que cela peut paraître inutile, car, une chose est certaine, l'homme est mort et il ne se servira plus de son corps. C'est d'ailleurs ainsi que l'on procédait jusqu'à la fin des années 1990 : on ne refermait pas le corps. En 1998, en Belgique, une loi a modifié l'article 44 du Code d'instruction criminelle, prévoyant que les proches sont autorisés à voir le corps du défunt après l'autopsie, ce qui implique que le corps doit être visible et donc recousu. Suite à la promulgation de cette loi, certaines techniques d'autopsie ont dû être adaptées car elles étaient trop délabrantes.

J'ai coutume d'expliquer à mes étudiants que nous sommes passés d'une société rationnelle à une société où l'émotionnel prend la main : en toute rationalité, recoudre un corps qui va être incinéré ou enterré est du travail inutile. Mais le respect dû au mort et à ses proches impose, aujourd'hui, que nous remettions le corps dans l'état où nous l'avons reçu, les coutures en plus. La société évolue et nous aussi : je n'imaginerais plus rendre un corps qui ne serait pas recousu.

Alors que j'achève l'autopsie, j'apprends que l'auteur, le cocu, a été appréhendé, ce qui me permet de l'examiner, mais aussi de faire une reconstitution « à chaud ». L'examen ne montre aucune lésion. L'homme indique ne pas avoir relevé que la victime portait un couteau. C'est donc vraisemblablement par hasard que le couteau se trouvait près du corps. L'auteur refait tous ses gestes tels qu'il s'en souvient et explique :

« — À un moment, j'ai senti que la serpette s'était enfoncée dans le cou.

— Et vous avez fait quoi ? demande le juge d'instruction.

— Ben, je l'ai retirée et j'ai vu qu'il saignait beaucoup. Alors j'ai eu peur et je suis parti.

— Et vous n'avez pas pensé à faire appel aux secours ?

— Non, je me suis enfui, j'étais paniqué. »

Le juge d'instruction ajoute un point à ma mission : celui de préciser si l'avenir de la victime aurait été différent si les secours avaient été appelés. Vu les dégâts relevés et la rapidité du décès, je réponds par la négative.

Je n'ai connu que deux cas que je pourrais qualifier de véritables miracles. Je raconte l'un des deux dans mon premier livre, *Les morts ont la parole*, au chapitre « Histoire de cours d'assises ». En résumé, un homme a eu une partie du cœur, le ventricule droit, arraché par un coup de riot gun, mais une ambulance qui passait devant sa maison au moment des faits l'a immédiatement chargé et conduit à l'hôpital qui se trouvait à 200 mètres de là, où des chirurgiens cardiaques finissaient une opération et l'ont à leur tour immédiatement pris en charge. Il a survécu et a même pu assister au procès de son auteur, l'amant de sa femme… Eh oui, le cul et les écus… L'autre cas est celui d'une dame, voisine de mes parents, à qui je rendais visite en salle d'hospitalisation de chirurgie vasculaire alors qu'elle venait d'être opérée de la carotide gauche. À l'époque, j'achevais mes études de médecine et alors que je discutais avec elle, elle a commencé à étouffer et son cou à gonfler, puis elle a perdu connaissance au moment où je retirais le pansement qui couvrait son cou, devenu bien rouge tout à coup. J'ai vu des écoulements de sang par les points de suture. J'ai sorti le lit dans le couloir, ai atteint le chariot de réa et, tout en appelant au secours, ai pris une paire de gants, un scalpel et ai fait sauter les fils, ce qui a rouvert la plaie. J'ai alors mis mes doigts dans la plaie pour comprimer la carotide et l'empêcher de saigner. Sous la décompression de son cou qui a permis la respiration, la femme a repris ses esprits. Tandis que j'avais mes doigts dans son cou, je lui ai dit de ne pas paniquer, je lui ai expliqué ce qu'il s'était passé et ce que je faisais. Elle a compris, n'a plus bougé, faisant preuve d'un sang-froid exceptionnel. J'appelais toujours à l'aide mais personne ne venait, jusqu'à ce qu'un anesthésiste qui passait par là nous découvre. Il a poussé sur le bouton « alerte réa » et tout s'est enchaîné. On a amené la voisine en salle d'opération où elle a été immédiatement reprise. J'avais toujours mes doigts dans son cou quand on a fait le champ opératoire pour pouvoir poser un clamp. Elle a survécu et m'a offert un marteau réflexe en remerciement. Je l'ai toujours dans ma trousse.

∴

Les égorgements ne sont pas légion, mais sont toujours fort impressionnants par la quantité de sang qui se déverse ainsi que par les lésions elles-mêmes.

« Docteur, j'ai un mort pour vous. En fait, c'est plutôt une morte. Il y a du sang partout, c'est une dame qui a été égorgée. Son fils nous dit que c'est un suicide, mais je vous avoue être perplexe et je préférerais que vous alliez voir.» Me voilà de nouveau sur les routes. En dix minutes, je suis sur place.

Les policiers sont sur le seuil. C'est Atza, un policier d'origine serbo-croate que je connais depuis de nombreuses années, très sympa, qui m'accueille.

« — Docteur, on est contents que tu sois là parce que c'est un peu spécial.

— Bonjour, les gars. Atza, qu'est-ce que tu appelles "spécial"?

— C'est une dame égorgée. Son fils dit qu'il l'a trouvée comme ça en rentrant, qu'elle avait un couteau en main, mais la plaie est vraiment grande et je n'ai jamais vu ça.

— Allez, montre-moi.»

Atza me mène au salon où, au sol, dans une mare de sang, se trouve le corps d'une dame âgée d'une septantaine d'années, toute maigre. En examinant la pièce, je vois des projections de sang au plafond et sur les murs avoisinants qui indiquent, d'une part, qu'elle n'a pas changé de place, elle est morte là où le ou les coups ont été portés, et, d'autre part, qu'il s'agit d'un saignement artériel car aucun saignement veineux n'a la pression nécessaire pour réaliser de telles projections. Vu celles-ci et la masse de sang qui les constitue, celui-ci ne peut provenir que d'une grosse artère comme la carotide.

La dame est en chemise de nuit toute maculée de sang sur sa face antérieure et elle tient un couteau dans la main droite. J'examine le corps sans y toucher, car, s'il s'agit d'un meurtre, il va y avoir une descente et le labo va intervenir pour relever les traces. Il ne faut donc pas perturber ce qui pourrait être une scène de crime. Dans ces cas-là, je ne touche à rien et j'examine ce qui est accessible. Et, dans le cas présent, c'est la plaie du cou qui s'offre à ma vue, la victime étant couchée sur le dos. C'est une grande plaie en deux pans et, d'après ce que je vois, c'est bel et bien un meurtre, sans le moindre doute. Je déclenche donc la descente criminelle. Je sais déjà que j'en ai pour un minimum de deux heures d'attente. Il faut compter le temps que tout le monde arrive, la PJ, les magistrats, et surtout que le labo ait achevé son relevé.

Avec le temps, j'ai appris la patience et surtout à profiter de ce temps pour faire quelques courses quand c'est possible, pour visiter les villes et villages où le sort m'amène, pour prendre un espresso au bistrot du coin en lisant un bouquin que j'ai toujours soin d'emporter avec moi ou pour aider le labo quand c'est nécessaire.

J'invite Atza à prendre un café. On discute de tout et de rien, de nos familles, de notre vie, de nos projets, surtout lui qui arrive en fin de carrière et qui prépare sa retraite. Ce sont des moments suspendus, ceux où on apprend à connaître les gens que l'on croise régulièrement sans vraiment avoir le temps de s'y intéresser.

Le labo a terminé, les magistrats sont là, la PJ a déjà interrogé le fils qui insiste beaucoup sur le fait que sa mère était dépressive, suicidaire, même. Une fois dans la maison, j'y cherche les médicaments. Je trouve une boîte sur la table de la cuisine qui contient quelques médicaments à prendre chaque jour, un hypocholestérolémiant et un antihypertenseur, c'est tout. Pas de médicament à visée psychotrope, d'antidépresseur ni même de somnifère. Un peu bancale, la thèse de la dépressive suicidaire.

Je reprends alors mon examen interrompu. La plaie s'étend sur la largeur complète du cou, avec un point de départ sous l'angle de la mandibule à gauche qui s'étend vers la droite et le bas jusqu'à la même région qu'à gauche puis repart à l'horizontale vers la gauche en créant une autre plaie, inférieure, qui va plus loin que le point de départ de la première plaie. J'identifie le point de départ de cette double plaie à cause de son aspect, « en queue de poisson », dessinant un petit triangle de peau qui pend vers la plaie, comme une pointe dirigée vers elle, ce qui signifie que le bord non tranchant de la lame était suffisamment large pour créer cette structure typique. Dans ce cas, le bord non tranchant était orienté vers la gauche, et la lame a créé la lésion vers la droite. Elle est allée vers la droite et le bas puis est revenue horizontalement vers la gauche. Ce qui est pratique avec ce genre de lésion, c'est que l'autopsie est déjà faite. Il n'y a plus qu'à regarder. Et ce que je vois est édifiant. En entrant à gauche, la lame a sectionné la carotide et la jugulaire, s'est dirigée vers la droite où elle a sectionné les mêmes structures puis est revenue vers la gauche jusque plus loin que son point d'entrée. Avec une telle profondeur de lésion, la lame a été introduite perpendiculairement à l'axe, ce qui est la preuve d'une certaine détermination. Mais ce n'est pas tout. Les bords de la partie de la plaie qui revient de la droite et s'étend vers la gauche montrent des encoches tout du long, de centimètre en centimètre. Il n'y a qu'une manière d'expliquer de telles lésions : l'auteur a fait des mouvements d'avant en arrière avec le couteau comme pour scier la peau, et cela se comprend, vu les régions anatomiques traversées. La plaie supérieure est passée à travers des tissus mous, des muscles et du tissu conjonctif qui ne demandent pas de force particulière. Par contre, pour réaliser la plaie inférieure, le couteau a dû sectionner la trachée, c'est-à-dire un tissu cartilagineux bien plus résistant que du tissu mou et qui a imposé à l'auteur de la scier, ce qui a donné à la peau ces encoches caractéristiques.

Voilà pourquoi je suis sûr qu'il s'agit d'un meurtre. En cas de suicide, la victime aurait dû sectionner les deux paquets vasculo-nerveux du cou[12], ce qui serait une première dans les annales de la médecine légale, puis elle se serait échinée, alors qu'elle était inondée de sang et en train de perdre connaissance, à scier sa trachée. Comme on dit : « Si tu crois celle-là, je t'en raconte une autre. »

---

12 Se dit de la région du cou qui comporte l'artère carotide, la veine jugulaire et le nerf crânien n° 10.

L'autopsie, réalisée le jour même, ne montrera rien de plus. L'enquête démontrera que le fils a tué sa mère dans un accès de colère. Il vivait chez elle depuis que sa copine l'avait mis à la porte car il buvait et se droguait, ce qu'elle ne parvenait plus à supporter. On ne saura jamais ce qui a déclenché sa colère, mais sa mère l'a payé de sa vie.

∴

Les suicides à l'arme blanche sont tellement rares qu'ils sont exceptionnels. Je n'en ai que très peu connu. Je raconte l'un d'entre eux dans mon troisième livre, *La mort en face*, au chapitre « Oufti ». C'est l'histoire de cette dame qui se poignarde en plein cœur devant des ambulanciers médusés.

J'ai aussi connu le cas d'un jeune homme, malheureusement atteint de schizophrénie, ayant choisi de mettre fin à ses jours de cette manière-là. Tout a commencé comme d'habitude par un coup de téléphone. « Docteur, j'ai un cadavre pour vous. Ne vous inquiétez pas, c'est un suicide, mais il est un peu spécial. Je vous y envoie pour fermer toutes les portes. »

> Je n'ai jamais compris cette phrase : « Ne vous inquiétez pas. » Je n'ai jamais été inquiet de voir un cadavre, c'est plutôt le meurtrier, quand il y en a un, qui devrait être inquiet.

Sur place, les policiers me conduisent au cinquième étage d'un building avec ascenseur. La porte de l'appartement de droite est ouverte et un policier m'accueille. Cet appartement est transversal : le living donne sur la rue et les chambres à l'arrière. Le défunt se trouve dans l'une de deux chambres. Aucune possibilité d'atteindre la chambre par la fenêtre et la seule porte de la chambre était fermée à clé sans qu'il soit possible d'y mettre deux clés. Les policiers ont dû défoncer la porte. Ils ont fouillé les lieux sans trouver le meurtrier qui se serait caché dans une armoire ou sous un lit, ce qui aurait été stupide, vu qu'il avait tout le temps de s'enfuir.

Il y a plus de vingt ans, j'ai été appelé pour un meurtre, celui d'une femme tuée par balle par son mari. Un féminicide de plus. Les voisins avaient fait appel à la police car le couple se battait avec beaucoup de violence, ce qui faisait beaucoup de bruit. C'est l'enfant du couple qui est venu ouvrir la porte aux policiers. Au même moment, un coup de feu a retenti à l'étage. Les policiers ont gravi les marches quatre à quatre, ont trouvé l'épouse au pied du lit, lui ont apporté les premiers secours, ont appelé le SAMU qui n'a pas tardé à arriver. Malheureusement, elle est décédée, la balle lui ayant touché, on le saurait à l'autopsie, l'aorte à sa sortie du cœur, ce qui ne lui laissait que fort peu, voire quasiment aucune chance de survie. Les lieux sont devenus scène de crime et ont été sécurisés par la police. Le juge d'instruction a été prévenu, m'a requis ainsi que le labo et l'expert en balistique. Je suis arrivé sur place en même temps que le labo et j'ai enfilé la combi blanche pour aider le technicien du labo. En attendant qu'il prépare le matos, j'ai fait un tour de la pièce et j'ai ouvert les armoires. Et là, surprise ! Sur qui je tombe ? Sur le mari, qui avait encore son flingue en main. Il m'a bousculé pour passer, a poussé le technicien du labo et s'est enfui par l'escalier qu'il a dévalé le plus vite qu'il pouvait, mais il a été arrêté par les policiers qui se tenaient au bas des marches et que nos cris avaient alertés.

Le corps est couché sur le lit, les deux pieds au contact du sol. À ses pieds, une importante mare de sang, essentiellement à droite. Ses chaussures sont couvertes de sang. Dans la main droite, il tient un couteau fin, à la lame bien aiguisée. Je le déshabille, je lui fais un prélèvement de sang et d'urine à des fins d'analyses toxicologiques et je prends sa température rectale pour tenter d'évaluer le moment du décès[13].

Ensuite, je réalise l'examen extérieur. L'examen du dos ne révèle aucune lésion, contrairement à la face antérieure qui, à hauteur du cou, présente quatre lésions étagées, parallèles entre elles et perpendiculaires à l'axe du cou. En clair, quatre plaies traversent le cou de gauche à droite et elles sont très intéressantes à regarder. La première est superficielle, elle témoigne d'un essai. La victime a tenté une plaie pour voir si ça faisait mal et nous savons tous comme une coupure peut être douloureuse, surtout quand elle est superficielle. Celui qui s'est déjà coupé avec une feuille de papier sait de quoi je parle. Mais il n'y a que les couches superficielles qui font mal, car ce sont les seules innervées. La douleur est donc la même, quelle que soit la profondeur de la plaie. La deuxième est un essai plus profond, par vagues. Il a enfoncé le couteau, a poursuivi moins profondément, l'a enfoncé à nouveau, a poursuivi moins profondément, l'a enfoncé à nouveau puis a cessé, le tout sur 15 cm de long, sans jamais dépasser la profondeur des muscles du cou. Le troisième est d'une seule traite, sur 8 cm de long : il a enfoncé le couteau de plus en plus profond, par paliers successifs, sans dépasser la profondeur des muscles du cou, soit moins d'un centimètre. La quatrième fait aussi 15 cm de long et déborde carrément dans le cou à droite. Il a enfoncé le couteau et, comme il était un peu bas, il a dû traverser la trachée et ses anneaux cartilagineux, plus résistants que la peau et les tissus musculaires. Comme dans le cas précédent, il a scié la trachée puis, plus loin à droite, alors que la trachée était coupée, il a sectionné les vaisseaux du cou :

13 La technique est expliquée notamment au chapitre « La pipelette » de l'ouvrage *Entretien avec un cadavre*.

carotide et jugulaire. Comme il n'y a pas de projections de sang au plafond ni aux murs mais juste un écoulement au sol, il a dû tenir son cou fléchi, ce qui a eu pour effet de neutraliser les jets de sang artériel et les a transformés en un flux sanguin massif mais sans grande pression. Comme la lésion saignante du cou était à droite, il est normal que la mare de sang qui s'étend à ses pieds soit située plutôt à droite.

∴

Je montre les photos de ces trois cas à mes étudiants chaque année, car ils sont très représentatifs des caractéristiques de chacune des hypothèses (accident, meurtre, suicide), ce sont des « cas d'école ».

Il y a un cerveau au plafond de la chapelle Sixtine

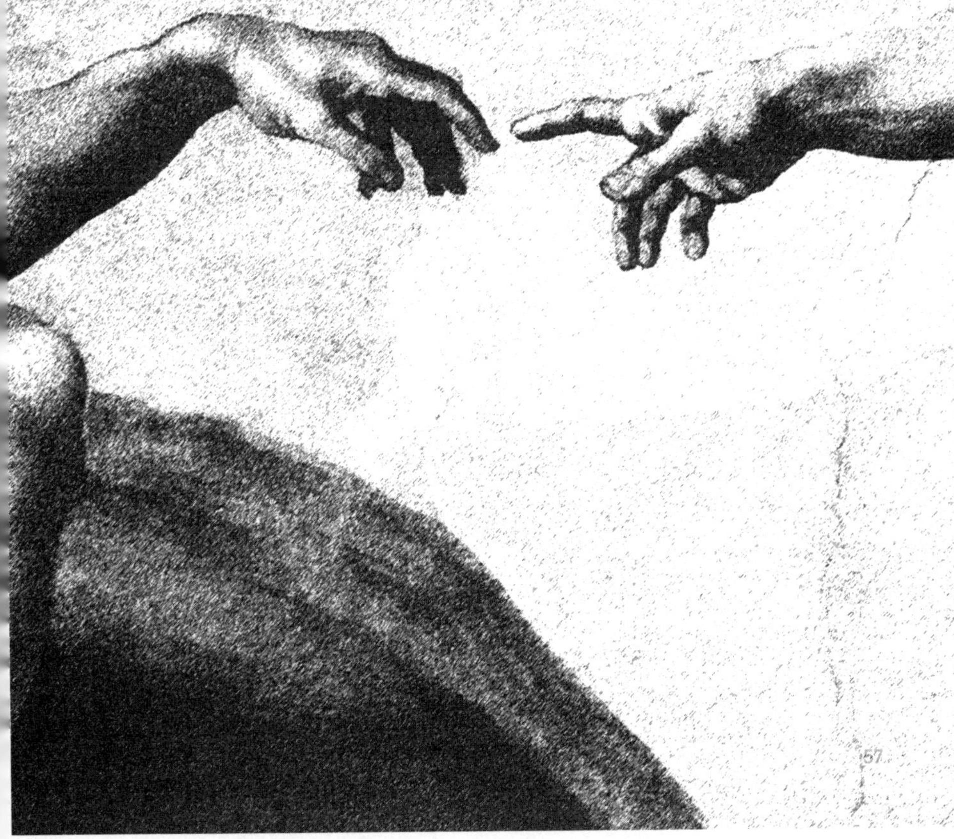

Rome. « *Roma caput mundi* » est la première phrase en latin que j'ai apprise en secondaires, en « humanités »[14], comme on les appelait alors. Mon père avait beaucoup insisté pour que j'apprenne les langues anciennes, ces cultures étant à la base de la nôtre. J'ai adoré les étudier. Aujourd'hui, si j'en ai à peu près tout oublié, j'ai conservé l'amour de l'art et une véritable ouverture à la culture historique et artistique.

Rome. Se retrouver au centre du monde antique, là où s'est tenu le pouvoir durant des siècles, d'où sont parties les légions romaines qui ont envahi nos régions, où Jules César s'est hissé au statut de dictateur… « *Caius Julius Caesar* » est la deuxième « phrase » que j'ai apprise en latin. Jules César a été assassiné aux Ides de Mars à Rome, le 15 mars 44 avant Jésus-Christ, à l'entrée de la curie de Pompée aujourd'hui visible sur le Largo Argentina, un espace archéologique qui sert aussi de SPA pour les chats romains. Et puis il ne faut pas manquer le lieu, sur les Fori Imperiali, où il a été incinéré, le Tempio del Divo Giulio où ses contemporains ont érigé un temple à sa mémoire après en avoir fait un dieu. Ce temple, ou ce qu'il en reste, est encore fleuri par les visiteurs. Tant de siècles plus tard, sa mémoire reste vive.

Rome. Cette ville par laquelle sont passés et où ont séjourné d'immenses artistes tels que Michel-Ange et Léonard de Vinci.

---

14 En France, on dirait au « collège » ou au « lycée ».

Ces deux Florentins ne s'aimaient pas, au point de changer de côté de la rue pour ne pas devoir se croiser, mais ils avaient des passions communes, comme la peinture et l'architecture. Ils ont aussi en commun d'avoir été reconnus de leur vivant, ce qui est plutôt rare pour des artistes, et d'avoir été sollicités par différents papes pour la réalisation d'œuvres qui ont traversé le temps et sont arrivées jusqu'à nous.

Rome. La ville aux sept collines dont j'en oublie toujours une quand je tâche de les citer et y ajoute volontiers celle du Vatican, ce qui est une erreur.

Le Vatican. À l'époque romaine s'y étendait le cirque de Néron dans lequel Pierre, le chef des apôtres de Jésus-Christ, fut crucifié la tête en bas entre 64 et 68. La tradition chrétienne affirme que Pierre fut condamné et tué suite à l'incendie de Rome en 64, que Néron aurait attribué aux chrétiens et dont il tenait Pierre pour responsable. Après avoir fait crucifier un grand nombre de chrétiens dont les croix formaient une allée conduisant du Tibre (le fleuve qui traverse Rome) au cirque érigé sur le Vatican, il les fit enduire de poix et y fit mettre le feu afin qu'ils servent de torches humaines. Quelle imagination, ce Néron !

> Pierre aurait voulu mourir d'une autre manière que le Christ, ne s'en estimant pas digne, et Néron aurait trouvé cette technique, celle de le crucifier la tête en bas. Ainsi, la mort ne survient pas de la même manière que dans la crucifixion classique où, comme je l'ai déjà décrit[15], la mort, par asphyxie posturale, peut mettre plusieurs jours avant de survenir, selon l'état de santé du supplicié. Plus il est en forme et vigoureux, plus cela prend du temps. La crucifixion la tête

---

15 « L'autopsie du Christ », dans *Entretien avec un cadavre.*

en bas engendre une accumulation de sang dans le cerveau. Notre système vasculaire est constitué de manière à ce que le cerveau soit privilégié par la circulation sanguine afin qu'il ne manque jamais de sang, mais la nature ne nous a pas pourvus du système inverse. Ainsi, le sang s'accumule dans le crâne et provoque un engorgement des vaisseaux. Cette pression finit par faire sortir du liquide (le plasma) dans les tissus du cerveau, ce qui crée un gonflement. Ce gonflement, appelé œdème cérébral, devient alors trop important pour que le cerveau continue à fonctionner, et la vie n'est plus possible. La mort ne tarde pas : elle prend tout au plus quelques heures, quelle que soit la constitution du supplicié. Une fois mort, Pierre fut enterré par les siens dans le cimetière voisin du cirque de Néron ; c'est à cet endroit que la basilique Saint-Pierre serait érigée par Constantin, le premier empereur romain devenu chrétien (272-337). Cette basilique, bâtie entre 326 et 337, serait ensuite remplacée à partir de 1505 par celle que nous connaissons. La tombe de Pierre se trouve sous le maître-autel.

Le Vatican et ses musées. À chacune de mes visites romaines, je ne manque pas de visiter les musées du Vatican. La visite commence par la Pinacothèque, où se trouve le *Saint-Jérôme* de Léonard, puis se poursuit à travers de multiples salles où sont présentées de nombreuses statues antiques, puis de très nombreuses salles aux œuvres diverses, puis les salles de Constantin et celles de Raphaël (*Stanze di Raffaello*), construites sous le pape Jules II, où vous devrez jouer des coudes tant il y a de touristes, pour arriver, au bout d'un périple de plusieurs heures, à la chapelle Sixtine, étape quasi ultime.

Cette chapelle fut bâtie entre 1477 et 1481 par le pape Sixte IV, d'où son nom. L'un de ses successeurs voulut refaire la décoration du plafond, qui était jusqu'alors un ciel étoilé comme on en trouve également dans certains tombeaux de pharaons de l'Égypte ancienne. Les murs avaient été décorés de fresques d'artistes florentins comme Botticelli mais le plafond, il est vrai, était un peu tristounet. C'est le pape Jules II, neveu de Sixte IV, qui passa commande à Michel-Ange (1475-1564) pour la décoration du plafond.

Aujourd'hui, cette chapelle est également connue pour être le siège du conclave[16], cérémonie qui se tient à chaque succession pontificale. La porte d'entrée est fermée à clé après que le maître de cérémonie a prononcé les mots « *Extra omnes* », ce qui signifie en substance : « Tout le monde dehors ».

> Lors d'une de mes visites, une porte était entrouverte, suffisamment pour que je m'enhardisse à la franchir. Je me suis retrouvé dans la salle royale, la salle du « trône » du pape. Mon idée était de la traverser pour atteindre, à l'autre bout, la salle paulinienne, une autre chapelle décorée, elle aussi, de fresques de Michel-Ange. À peine avais-je mis le pied dans la salle royale que j'ai été comme soulevé du sol par deux gardes suisses et ramené dans la chapelle Sixtine. « *È vietato l'accesso* »[17], m'ont-ils poliment indiqué. Je n'ai pas insisté.

Jules II avait donc commandé un plafond qui raconterait la vie des apôtres et qui devait s'ouvrir par une fresque représentant une croix surplombant la porte d'entrée de la chapelle. Il n'y a pas de croix au-dessus de la porte d'entrée, uniquement un personnage, le prophète Zacharie, et pas un seul apôtre au plafond de la chapelle, rien que des personnages bibliques.

---

16 Le terme « conclave » est issu des mots latins *cum* et *clave*, formule que l'on peut traduire par « avec la clé », ce qui signifie que la porte est fermée et ne s'ouvrira qu'avec l'élection d'un nouveau pape.

17 « L'accès est interdit ».

Regardez bien Zacharie[18] c'est le pape Jules II. Michel-Ange peignit le pape à la place de la croix du Christ. Le pape se montra plutôt flatté d'être représenté de cette façon, ce prétentieux que l'on appelait « *il Terribile* » tant il était vif, guerrier... terrible. Terrifiant.

Et Michel-Ange de peindre ce plafond du 15 mai 1508 au 30 octobre 1512 – quatre années, cinq mois et quinze jours d'un labeur harassant qu'il qualifierait, dans une lettre à sa famille, comme les plus pénibles de toute son existence. Il y rapporte ses changements physiques induits par la position debout, le regard vers le haut, le ventre vers l'avant, les cervicales broyées par l'effort : « Ma peinture défunte, ami, défends-la donc, et mon honneur aussi, car la place est mauvaise et je ne suis pas peintre. »

On voit que Michel-Ange ne se considérait pas comme un peintre : il était sculpteur, ce que rappellent d'ailleurs ses œuvres peintes ; il n'empêche que ce plafond constitue la plus belle fresque de tous les temps. Quand je pense que le pape Pie IX (1792-1878) envisagea de faire repeindre le plafond, car tous ces nus le contrariaient, lui qui avait fait castrer toutes les statues du Vatican, estimant que cette nudité incitait à la luxure... C'est pour cela que les statues portent des feuilles de vigne à hauteur du sexe, ajout tardif faisant suite à la « grande castration » et destiné à « réparer » les statues.

Et pourtant, ils ne sont pas bien gros, ces sexes ! J'étais à Florence avec mes enfants, dans la galerie de l'Académie, ornée des statues « *I sclavi* »[19] de Michel-Ange destinées au tombeau du pape Jules II. Ces statues inachevées de corps encore emprisonnés dans la matière, comme prisonniers, sont des chefs-d'œuvre de symbolisme ; personne ne les regarde,

---

18 Illustration n°2 sur le verso de la jaquette.
19 « Les esclaves ».

car l'œil est d'abord attiré par une statue placée sous la coupole, celle du fameux David.
Pour intéresser mes enfants, alors encore petits, je leur ai demandé ce qu'ils voyaient de frappant sur cette statue. Je m'attendais à deux réponses possibles : soit « il a des grandes mains et des grands pieds », soit « il louche ». Je leur aurais expliqué que les grands pieds et les grandes mains sont une manière pour l'artiste d'insister sur sa force : comme berger, il lui fallait marcher beaucoup, et il lui fallait pouvoir assommer le géant Goliath d'un coup de fronde. Concernant le strabisme, j'aurais rapporté que Michel-Ange disait que c'était nécessaire pour qu'on ne le voie pas loucher en le regardant dans le bon axe.
Mais les enfants nous surprennent toujours. Ils n'ont rien relevé de tout cela. Mon fils Adrien, 11 ans, a dit : « Il a un petit zizi. » Je suis resté bouche bée, me suis tourné vers la statue pour regarder son sexe et ai éclaté de rire. C'était tellement évident ! Mais à force de voir ce genre de statue, on ne le remarque plus. S'habituer à ne plus voir est un vrai danger, en particulier en médecine légale.
J'ai quand même expliqué à mes gamins que les petits sexes étaient une convention artistique issue de l'idée selon laquelle un grand sexe était grossier, inesthétique.

On entre dans la Sixtine par la porte à droite du chœur. Celle de gauche ouvre sur une sacristie où une soutane blanche attend le pape nouvellement élu. L'entrée des touristes se fait sous la fresque du *Jugement dernier*[20], elle aussi réalisée par Michel-Ange, entre 1535 et 1541, aidé par ses disciples, contrairement au plafond qu'il peignit seul. Cette peinture représente Biagio de Cesena, le caméariste du pape et un vrai « pisse-vinaigre », semble-t-il.

---

20 Illustration n° 4 sur le verso de la jaquette.

Celui-ci s'était plaint du fait qu'il y avait trop de nus sur cette fresque, que cela ne convenait pas à la chapelle d'un pape. Par mesure de rétorsion, Michel-Ange le peignit avec des oreilles d'âne, ventripotent, un serpent lui bouffant les testicules. Lors de l'inauguration de la fresque, s'y découvrant, Biagio s'en plaignit au pape, Paul III, qui le renvoya vers Michel-Ange. Ce dernier avait un caractère bien affirmé et sa vengeance pouvait être terrible.

Il n'empêche que le peintre à peine mort, en 1564, l'un de ses élèves, Daniele da Volterra, y fit des retouches destinées à cacher les sexes trop apparents. Da Volterra fut d'ailleurs surnommé « *il Braghettone* », « le faiseur de culottes ». Mais il n'effaça pas l'essentiel, bien plus subtil. La fresque représente notamment « les élus », ceux que Dieu accueille en son paradis. Parmi eux des juifs, reconnaissables à leur chapeau à double corne et à leurs vêtements jaunes, et des homosexuels, des hommes qui s'embrassent dans une étreinte charnelle[21]. Belle ouverture d'esprit pour un croyant du XVIe siècle. Rappelons qu'il fallut attendre le concile œcuménique Vatican II (1962-1965) pour que cessent les prières anti-juives dans la liturgie chrétienne et qu'aujourd'hui encore, l'homosexualité fait l'objet d'une certaine vindicte de la part des autorités ecclésiastiques.

Je m'arrêterai ici pour la description de la fresque du *Jugement dernier*, car je pourrais y consacrer un livre entier, tout comme au plafond de la chapelle.

Levez les yeux vers le plafond. S'il y a bien une chose qu'il n'est pas nécessaire de suggérer aux visiteurs de la chapelle Sixtine, c'est de lever les yeux. Je n'ai jamais vu quelqu'un qui regardait ses pieds et je ne peux m'empêcher d'avoir une pensée pour le concepteur du pavage, qui est, lui aussi, magnifique et le symbole de la richesse artistique et spirituelle du Vatican, mais qui demeure invisible sous les pieds des trop nombreux touristes.

---

21 Illustration n°5 sur le verso de la jaquette.

La première fresque qui saute aux yeux est celle de Dieu créant Adam[22]. Elle ressort bien sur son fond blanc, ce qui la différencie des autres. Dieu est à l'intérieur d'une structure flottante rouge carmin. De sa main gauche, il touche un bébé, tandis que dans le pli de son coude gauche apparaît une jeune femme et, derrière, une multitude de personnages un peu flous. De son autre main, Dieu tend l'index droit vers l'index gauche d'Adam, qui est plutôt flasque, avachi sur le sol, tendant une main molle vers le doigt de Dieu. Celui-ci va lui transmettre son âme. Adam est déjà vivant mais il n'a pas encore reçu son âme, motif pour lequel il est sans ressort; il n'est pas encore animé par Dieu. Observez à présent la forme de la structure dans laquelle se trouve Dieu. Il s'agit d'un cerveau, avec son lobe frontal que le bras de Dieu traverse, le lobe pariétal à hauteur de la tête de Dieu, le lobe occipital juste au-dessus du pli qui marque le début du cervelet et la moelle épinière symbolisée par les pieds.

« — Ça y est, ça devait arriver: à force de fréquenter des morts, Boxho déconne plein pot.
— Mais non, pas du tout: c'est ainsi que l'on voyait les choses à l'époque. Regardez le dessin du coït[23] réalisé par Léonard de Vinci, il dit la même chose! »

Vers 1492, Léonard dessina un coït: un homme coupé en deux dont le sexe pénètre le vagin d'une femme (très mal dessinée) et y éjacule. On voit également d'où provient le sperme: de trois canaux qui mènent au pénis et qui ont trois origines différentes. L'un part du poumon. C'est de là que vient l'air dont on pensait à l'époque qu'il remplissait les artères; les échanges gazeux étaient réputés se faire à travers les pores des parois séparant la partie

22 Illustration n°1 sur le verso de la jaquette.
23 Illustration n°6 sur le verso de la jaquette.

droite du cœur contenant le sang de la partie gauche contenant l'air. C'est le souffle de vie que l'on évoque aussi dans l'expression « rendre son dernier souffle ». Un autre canal prend naissance dans les testicules et sert à créer toute la matière qui constitue le corps comme la peau, les organes, les os, etc. Un dernier est issu du cerveau, parcourt toute la moelle épinière et arrive au pénis : c'est celui qui transporte l'âme.

Cette façon de voir les choses remonte à l'Antiquité, à l'époque d'Hippocrate (460-370 av. J.-C.), considéré comme le père de la médecine ; c'est encore son serment que prêtent les jeunes médecins, quoique très modifié depuis. Hippocrate fut suivi par d'autres penseurs comme Avicenne, médecin et philosophe persan (980-1037), grande source d'inspiration médicale et philosophique de l'époque. Léonard explique d'ailleurs : « Hippocrate dit que notre semence est issue de notre cerveau, du poumon et des testicules de nos parents », et encore : « Avicenne veut que l'âme engendre l'âme et le corps, le corps et chaque membre. »

Jusqu'à la Renaissance, il ne fut pas question de s'écarter de ces principes. C'est à cette époque qu'intervient Léonard. Selon le principe décrit ci-avant, il était tenu pour vérité intangible le fait que l'homme fournisse tout ce qui est nécessaire pour qu'un être humain naisse et que la femme serve de couveuse, ce qui ne manqua pas de laisser Léonard perplexe, qui écrivit alors : « Les Noirs ne le sont pas à cause du soleil en Éthiopie, car si le Noir met la Noire enceinte en Scythie, celle-ci donnera naissance à un Noir, et si le Noir met la Blanche enceinte, celle-ci engendrera un enfant gris, preuve que la semence maternelle a sur l'embryon un pouvoir équivalent à celui de la semence paternelle. » Léonard se mit ainsi clairement en danger d'hérésie, car on ne rigolait pas avec ces choses-là. L'âme est d'origine divine, elle vient de Dieu et, à ce titre, l'Église toute-puissante ne peut tolérer la moindre remise en question. Léonard le comprit bien vite et écrivit au sujet de l'âme : « Et le reste de la définition de l'âme, je la laisse à l'esprit des frères, pères des peuples qui, en vertu d'une action inspirée, connaissent tous ses secrets.» Un retournement de veste bien salutaire pour lui.

Voilà pourquoi Michel-Ange peignit un cerveau au plafond de la chapelle Sixtine : imprégné de la pensée de son temps, il concevait que c'est du cerveau que vient l'âme fournie par Dieu. Dans ce cerveau, Dieu touche de sa main gauche un garçonnet – c'est l'âme d'Adam et, dans le creux de son coude gauche, on peut penser que c'est l'âme d'Ève qui se tient en attendant son heure, qui ne va pas tarder. Et les autres qui se trouvent juste derrière ? Selon le mythe, Adam et Ève sont les parents de toute l'humanité. Dans ces conditions, les autres personnes présentes dans le cerveau, c'est nous. C'est pourquoi j'ai coutume de dire que nous sommes tous au plafond de la chapelle Sixtine.

La fresque qui suit immédiatement celle de *La création d'Adam* représente Adam et Ève chassés du Paradis[24] après avoir goûté au fruit défendu. Ces deux sots ont tout le Paradis pour eux, il y a juste un arbre auquel ils ne peuvent pas toucher, mais ils ne peuvent s'empêcher d'en goûter le fruit. Pauvres imbéciles ! Les voilà chassés, punis, contraints de vivre sur Terre une vie de mortels, la nôtre.

Regardez cette fresque : vous verrez qu'Adam se sert tout seul dans l'arbre, comme un grand, et que ce n'est pas Ève qui, contrairement à ce que veut la tradition, lui donne le fruit défendu, le tente, le pousse à la transgression. Adam y va tout seul tandis qu'Ève se laisse tenter par le serpent, symbole du Malin.

De l'autre côté de l'arbre, Adam et Ève sont chassés du Paradis. Regardez-les : leurs traits sont ceux de vieillards, des vieillards musclés comme Michel-Ange sait si bien les peindre[25]. La vieillesse, la voilà, la punition. Ce n'est pas la mort. La mort, la belle

24 Illustration n°3 sur le verso de la jaquette.
25 Tous les personnages sont hyper musclés, même les plus vieux. On se croirait dans une salle de culturisme.

affaire, comme disait Brel : « Mourir, cela n'est rien. Mourir, la belle affaire. Mais vieillir, ô vieillir ! »

Un de mes amis, Jean-Pierre, me disait dernièrement souhaiter « mourir jeune le plus tard possible » : belle périphrase pour exprimer notre sentiment commun. Pour les croyants, mourir, c'est juste un transit pour retrouver Dieu. En quoi la mort serait-elle, dans ces conditions, source de désespoir ? Elle est, au contraire, gage d'espérance, celle du passage vers le Paradis. « Même le Paradis exige la mort », m'a dit Gregory, un lecteur rencontré au hasard de mes dédicaces. Comme il a raison !

Le pape castrateur dont nous avons déjà croisé le chemin, Pie IX, était contemporain de l'invention de la photographie. C'est lui qui interdit la diffusion de photos de la fresque représentant Adam et Ève au pied de l'arbre au fruit défendu. Mais pourquoi donc ? Il semblerait qu'il estimait cette fresque inconvenante, car la tête d'Ève est à hauteur et à faible distance du sexe d'Adam, ce qui évoque, selon lui, une possibilité de fellation. Quel taquin, ce Pie IX, et quelle imagination !

∴

Si vous voulez poursuivre cette visite symbolique de la chapelle, je vous recommande le livre *Les secrets de la chapelle Sixtine : les messages cachés de Michel-Ange et comment il a défié le pape* de Blech et Doliner paru aux éditions Michel Lafon (2008), même si je pense que les auteurs exagèrent un peu dans la recherche des symboles cachés dans les gestes des personnages peints par Michel-Ange.

La balle magique

« Docteur, la police a ouvert le feu, il y a un mort, on vous attend. » Quand un malfrat descend un policier, ça fait toujours moins de bruit et moins de souci que quand c'est l'inverse. Quand un policier meurt, la presse s'en fait l'écho en insistant sur l'honneur qui revient à ce « bon » policier d'avoir offert sa vie pour la sécurité publique, et on sort les violons. Quand un malfrat meurt sous les balles de la police, la presse s'acharne à chercher les poux sur la tête de l'agent. Je comprends que le magistrat qui m'appelle soit un peu sur les charbons ardents. En clair, ça chauffe.

La presse est déjà sur place, ce qui n'est pas surprenant car le fait qu'un policier ait abattu un délinquant se sait toujours aussi vite que se répand une traînée de poudre. Les caméras m'indiquent l'endroit où je dois me rendre : elles sont pointées vers la porte d'entrée de l'habitation de cette petite rue calme.

Je sors de ma voiture, prends mon sac à dos qui contient tout le matériel dont j'ai besoin et me dirige vers la maison. Aucun journaliste ne bouge, personne ne pose de question. Le policier qui garde la porte d'entrée me demande qui je suis, je me présente, il contrôle mon identité puis me laisse passer. C'est la première fois que je me fais contrôler en exerçant ce métier ; peut-être le policier a-t-il cru que j'étais un journaliste déguisé.

> Dans ma carrière, j'ai été contrôlé à deux reprises en arrivant sur les lieux d'un meurtre ; celle-ci est la première et il y en aura une seconde, filmée par la télévision alors que le juge d'instruction me salue de loin, se demandant ce qui passe par la tête de la policière de faction. J'aurai droit à des commentaires multiples, toujours taquins, suite à ce contrôle

surprenant qui survient alors que je communique de loin avec le juge. Aujourd'hui, depuis que j'écris des livres, tous me reconnaissent, même lors des contrôles de police en France.

Le juge d'instruction, les policiers, le procureur, tous sont dans l'étroit couloir où, pour atteindre le juge, je dois me faufiler. Je me présente, puisque la police locale n'a pas l'air de me connaître, ce qui fait rire les magistrats mais peu les policiers. Ils ont les nerfs à vif. C'est leur collègue qui a tiré.

Après les avoir entendus, le juge leur demande de quitter les lieux, sauf pour assurer la sécurité extérieure, et fait venir la police judiciaire qui se chargera de l'affaire. Il vaut mieux que ce ne soient pas les policiers œuvrant chaque jour avec le tireur qui gèrent le dossier, de façon à assurer une certaine neutralité dans l'enquête, ce qui est fondamental pour l'exercice de la justice.

C'est la même chose pour nous, les médecins légistes, et pour tous les experts (balistique, incendie, roulage, etc.). Il ne faut pas être émotionnellement impliqué pour accomplir ce métier: la neutralité est une nécessité, pas une option.

Mouvement dans le couloir: tous les policiers sortent, ce qui nous fait de la place. Les affaires qui mettent en cause un policier rameutent toujours tout le commissariat. Enfin, de l'espace! Mon plaisir est de courte durée, car la police judiciaire ne tarde pas à se présenter. Ses représentants sont toutefois moins nombreux. Le juge d'instruction leur assigne leurs tâches. Dans l'immédiat, faire une audition circonstanciée du policier qui a tiré et de son binôme, c'est-à-dire du policier qui l'accompagnait dans sa mission.

D'après les premiers éléments de l'enquête, les policiers sont intervenus pour interpeller et ramener au commissariat, pour audition, un homme, Jean-Pascal, impliqué dans un trafic de drogue. Jean-Pascal avait été convoqué à plusieurs reprises et il ne se présentait pas. Un juge a donc délivré un mandat d'amener pour pouvoir l'entendre, son implication dans ce trafic n'étant ni claire ni formellement établie. Les policiers ont localisé Jean-Pascal.

Nos deux policiers se sont présentés à l'adresse qui leur avait été renseignée. Ils ont sonné à la porte, laquelle s'est ouverte. Ils avaient devant eux un homme très surpris de les voir et qui a tenté de leur claquer la porte au nez, sans grand succès, car les policiers poussaient de l'autre côté. Deux contre un, ils ont gagné, la porte s'est ouverte. Déjà, Jean-Pascal s'enfuyait à travers le vestibule, est arrivé dans le living, talonné par les policiers qui ont eu le réflexe de dégainer. On ne sait jamais ce qui peut passer par la tête du fuyard : il pourrait s'emparer d'une arme dans l'une des pièces qu'il traverse. Et cela semblait bien être le cas. En passant par le living, il a pris un objet sur la table. Jean-Pascal continuait à cavaler, a traversé la cuisine puis est entré dans une chambre qui donnait sur le jardin par une porte-fenêtre. Le temps de l'ouvrir, les policiers l'avaient rejoint. Jean-Pascal les a menacés de l'objet dont il s'était saisi dans le living, une arme à feu, un GP 9 mm. Les policiers l'ont menacé en retour. Jean-Pascal a marché à reculons à travers la porte-fenêtre qu'il venait d'ouvrir. Un coup de feu a claqué, suivi d'un autre.

Le labo a fini son job, je peux accéder aux pièces qui jouxtent le vestibule, vêtu de la combinaison *ad hoc*. Je traverse le living, puis la cuisine, puis la chambre à coucher et j'arrive sur la terrasse. Jean-Pascal est couché à plat ventre, son arme encore serrée dans la main droite. Personne ne l'a examiné, sinon le labo qui a fait les prélèvements et un médecin qui a confirmé le décès.

Le corps est perpendiculaire au mur du fond de la cour, les pieds à une dizaine de centimètres du mur. En fait, la chambre ouvre sur une petite cour cernée par trois murs d'environ 3 mètres de haut en briques rouges. C'est une charmante petite cour agrémentée d'une table, de deux chaises en tek et de quelques plantes. Peut-être Jean-Pascal espérait-il fuir en escaladant le mur. Peut-être envisageait-il de pousser la table contre un des murs pour pouvoir ensuite grimper dessus. C'est possible, mais c'était trop tard.

Comme d'habitude, je commence par un premier examen sur place. J'examine les vêtements et j'ai de la chance, il fait chaud, c'est l'été : le nombre de couches de vêtements est toujours inversement proportionnel à la température. Jean-Pascal porte juste un t-shirt, un pantalon et une paire de tongs. Le t-shirt est de couleur dominante bleu foncé, ce qui n'aide pas à voir les taches de sang éventuelles. La seule chose visible est la trace de passage du projectile : les fibres du tissu sont orientées vers l'intérieur, ce qui évoque une entrée de la balle par le dos, chose surprenante.

J'en suis à ce stade de mes constatations lorsqu'arrive Édouard, l'expert en balistique. Il râle parce qu'il a dû écraser sa toute neuve cigarette. On ne fume pas sur une scène de crime. Il a connu le « bon vieux temps » où « toutes ces chipoteries » n'existaient pas. En plus, il a dû enfiler la combi blanche de descente, ce qu'il déteste par-dessus tout. Et je le comprends. C'est l'été, il fait chaud et la terrasse est en plein soleil, ce qui signifie que nous y cuisons. Cette combi étanche est une étuve en été et un frigo en hiver, elle est insupportable à porter mais est nécessaire et même indispensable pour ne pas perturber les indices de la scène de crime. La combi associée au bonnet, au masque, aux gants et aux *overshoes* nous rend les plus neutres possibles dans un environnement délicat qu'il ne faut pas polluer.

Je montre ma découverte à Édouard qui confirme : c'est une entrée et elle est bien dans le dos. Je vérifie auprès du labo que le corps est *safe*, c'est-à-dire qu'on y a fait tous les prélèvements utiles et nécessaires. Je me hâte ensuite de soulever le t-shirt pour découvrir le dos de Jean-Pascal. L'orifice d'entrée du projectile se trouve plus haut que dans le t-shirt, ce qui indique que, lors du tir, le t-shirt était plus haut. Or, le corps a les bras tendus vers le haut, mais les bras n'étaient certainement pas dans cette position de « haut les mains », mais plus bas. Je les manipule et constate que pour que les orifices correspondent, il faut que les bras soient tendus, avec une élévation antérieure des épaules à 90°. Jean-Pascal devait donc tendre les bras vers l'avant, épaules élevées à 90°. C'est l'attitude du tireur menaçant, qui braque son flingue devant lui et le tient à deux mains. Quand l'enquête aura avancé, on pourra comparer avec la version des deux policiers. Pour le moment, c'est une info qu'Édouard et moi gardons jalousement. Manque de confiance? Non, prudence issue de l'expérience de longues années au service de la justice.

J'étais en train d'achever une série d'autopsies dans une affaire très médiatisée. La presse nous suivait depuis le matin. Des caméras se trouvaient dans les maisons situées en face du bâtiment de l'Institut médicolégal pour voir les corps sortir des corbillards. Un bruit a couru qu'un journaliste était embusqué sur le toit de la salle d'autopsie, laquelle s'ouvre sur une cour intérieure par des fenêtres qui donnent un bel éclairage naturel à la salle. Lorsque les policiers sont intervenus sur le toit, ils n'ont trouvé qu'une boîte de pellicule argentique vide.

C'était encore l'époque où la photographie numérique n'existait pas. L'appareil photo était muni d'une pellicule qui était impressionnée par chaque photographie. Développée, cette pellicule donnait un négatif de la photographie. Il fallait ensuite imprimer la photographie sur du papier photo.

Les autopsies avançaient et, vers minuit, alors que nous étions au travail depuis midi, j'ai dit à mon collègue de m'aider à ne pas oublier de disséquer la colonne cervicale de l'une des victimes, car je la trouvais fort laxe. Cela pouvait être dû à la putréfaction qui avait atteint le corps, mais aussi à une fracture de la colonne, ce qui peut constituer une belle cause de décès lorsque celle-ci a également causé une section de la moelle épinière. Je n'ai pas eu le temps de le vérifier que la radio annonçait déjà la mort de la victime par fracture

de la colonne cervicale. Nous n'étions pas sortis de la salle d'autopsie, ni l'un ni l'autre. Il n'y avait que des policiers dans la salle. Je ne pense pas que l'un d'eux avait parlé à la presse, mais je suis persuadé qu'un échange radio avait été intercepté. Que l'on ne s'y trompe pas : la presse n'est pas un ennemi, bien au contraire, mais le secret doit être préservé et nous nous devons d'utiliser tous les moyens pour ce faire, y compris être prudents.
Je l'ai appris à mes dépens. J'avais donné une interview à la presse concernant un dossier dans lequel je n'étais pas impliqué et pour lequel on attendait des résultats ADN. Alors que je n'avais pas parlé de l'ADN, quelle n'a pas été ma surprise de voir, au JT, mon interview sous-titrée « L'ADN n'a rien donné », suggérant que j'avais pu fournir cette info à la presse, ce qui n'était pas le cas et qui, de plus, était impossible car les analyses étaient toujours en cours. J'ai immédiatement contacté le directeur de la chaîne et ce message n'est plus jamais apparu.

L'orifice de passage est là, devant nous, au thorax postérieur droit, et il présente une belle collerette érosive.

La collerette érosive est la preuve du passage d'un projectile mais aussi, très rarement, comme je l'ai déjà raconté dans un autre de mes livres[26], d'un objet piquant comme un pic à glace s'il est enfoncé avec force. Lorsque le projectile pénètre dans la peau, il la déforme ; la peau commence par s'invaginer, se diriger vers l'intérieur avant de se rompre en laissant un trou. En traversant la peau, le projectile frotte sur les bords du trou qu'il crée en y laissant une collerette (un petit col) abrasée sur la périphérie. C'est typique d'un orifice d'entrée : l'orifice par

---

26 « Basic instinct », dans *Les morts ont la parole.*

lequel le projectile quitte le corps ne montre jamais cette collerette. C'est donc un excellent moyen de différencier l'entrée de la sortie d'un projectile.

Je demande que le t-shirt soit saisi et que des traces de poudre y soient recherchées.

Lorsqu'une arme à feu est utilisée et qu'un projectile est tiré, il y a beaucoup de choses qui sortent par la bouche du canon. Le projectile, bien sûr, mais également de la fumée, des grains de poudre et une flamme. Les traces que l'on retrouve sur la victime dépendent de la distance qui sépare le tireur de cette dernière. Si la surface qui reçoit le tir est nue, c'est sur la peau qu'il faudra chercher ces traces. Si cette surface est couverte par un vêtement, c'est sur le vêtement qui sert d'écran d'arrêt qu'il faudra les rechercher.

Nous voici donc face à une entrée dans le dos. Ça ne tient pas la route ! Jean-Pascal est trop proche du mur pour que quelqu'un ait pu se trouver derrière lui. Et puis, si Jean-Pascal s'est pris une balle dans le dos, c'est qu'il fuyait et, dans ce cas, il n'est plus possible d'évoquer la légitime défense. Il n'y a pas de légitime défense lorsque le tireur n'est pas menacé, ce qui est le cas lorsque la personne sur laquelle on tire a le dos tourné parce qu'elle s'enfuit. Un maquillage est impossible. Si la scène de crime avait été maquillée, on n'aurait pas mis le cadavre dans cette position, dos au mur, interdisant la présence de quelqu'un derrière lui puisque la seule possibilité est que l'un des deux policiers ait été menacé par Jean-Pascal et qu'un autre policier qui se trouvait derrière Jean-Pascal lui ait tiré dessus pour défendre son collègue. Et la position du corps rend cette hypothèse impossible.

Je décide de retourner le corps pour vérifier s'il y a une sortie. Il est toujours intéressant de comparer les orifices, même si la présence de la collerette érosive laisse peu de doute. En médecine légale, la prudence est de mise et il ne faut jamais rien affirmer avant d'avoir tout vérifié.

Il y a bien un orifice et il présente toutes les caractéristiques d'une sortie, c'est-à-dire que rien dans son aspect ne permettrait de le qualifier d'orifice d'entrée. Il est en partie haute du thorax antérieur gauche. Maintenant que j'ai les deux orifices, j'ai la trajectoire : elle est d'arrière en avant, de droite à gauche sur un plan ascendant.

Édouard se met en quête du projectile qui a traversé le corps, sans le trouver. C'est très embêtant, d'autant que c'est une terrasse en tek et que, vu son ancienneté et les interstices entre les planches, il est possible que le projectile s'y soit introduit et se trouve à présent sous le plancher, qu'il faudra dès lors nécessairement démonter. Par contre, le labo identifie un impact sur le mur face à celui au pied duquel gît Jean-Pascal ; le projectile est retrouvé à peu de distance. C'est le tir exécuté par Jean-Pascal.

Pendant ce temps, je décide de retirer le t-shirt pour la saisie. C'est au moment où je le soulève pour passer les bras que j'entends un objet tomber au sol. C'est le projectile. Il est recueilli avec toutes les précautions d'usage et isolé dans un sachet après qu'Édouard l'a brièvement examiné. « C'est du 9 », déclare-t-il. En clair, cela veut dire que le projectile a 9 mm de diamètre ; « son sommet n'est pas tronqué », ce qui signifie que sa pointe est ogivale et non aplatie. Plus la pointe est aplatie, moins le projectile est vulnérant, plus vite il s'arrête en franchissant un obstacle. Ce projectile a un sommet ogival, ce qui implique qu'il n'était pas destiné à être ralenti comme il l'aurait été si sa pointe avait été aplatie. « En plus, il est déformé », ajoute Édouard. Cette observation conforte le fait qu'il a rencontré une structure suffisamment dure pour être déformé à son contact. « Il était dans les vêtements. Si un t-shirt a été capable d'arrêter sa course, c'est qu'il était à bout de souffle, ce qui est étrange pour un 9 mm, à moins qu'il ait heurté une structure osseuse massive comme un corps vertébral. On vérifiera à l'autopsie. »

Et nous voilà partis pour une autopsie qui promet d'être intéressante, puisqu'elle ne se bornera pas à déterminer une cause de décès mais servira également à comprendre pourquoi le projectile a pu être arrêté par le t-shirt, de même que la structure qui a pu le déformer. Si aucune autopsie n'est banale, avoir un intérêt supplémentaire au départ est particulièrement motivant.

Édouard se fait apporter l'arme du policier. C'est un pistolet[27] GP 9 mm. Il en extrait le chargeur et vérifie qu'il contient bien des munitions de calibre 9 mm dont le sommet n'est pas tronqué, ce qui est bien le cas.

Plus tard, Édouard fera des essais de tir avec cette arme pour obtenir des balles qui en ont traversé le canon. Ces balles seront comparées avec celle que j'ai retrouvée. Tous les projectiles qui ont été tirés par une arme possèdent les caractéristiques spécifiques de l'arme qui les a tirés, ce qui permet d'identifier cette dernière.

Le corps est déposé sur la table d'autopsie, que je réalise avec un de mes collègues, comme d'habitude. Comme d'habitude également, je passe le corps en scopie pour être certain qu'il n'y a pas d'autre projectile à l'intérieur du corps. Je n'ai pas vu d'autre orifice, mais cela vaut toujours la peine de vérifier.

L'autopsie confirme la trajectoire du projectile. Elle permet également de vérifier qu'il n'a touché aucune structure osseuse qui soit suffisamment massive pour le ralentir ou pour le déformer. En fait, il a juste fracturé une côte postérieure gauche lors de l'entrée, ce qui n'est pas suffisant pour expliquer sa déformation. Nous voilà bien avancés avec un tir dans le dos avec une balle dont on ne comprend pas le ralentissement ni la déformation dans le contexte d'un tir de police où les deux protagonistes, policiers de surcroît, disent avoir fait face à la victime...

---

27 « Pistolet » se dit d'une arme de poing dont le chargeur est dans le manche tandis que « revolver » désigne une arme à barillet.

Avec le labo, dont l'examen des lieux, interrompu par l'autopsie, n'a pas pu être achevé, nous retournons sur place, un peu pour y chercher l'inspiration, je l'avoue. En silence, Édouard s'approche du mur et l'observe attentivement. « À quelle hauteur la balle est entrée dans le corps ? » Je lui donne la hauteur et j'ajoute : « D'après la comparaison du trou dans le t-shirt et la trajectoire du projectile, Jean-Pascal était légèrement baissé vers l'avant et tenait son arme à deux mains devant lui, avec les épaules relevées à environ 90°. » Édouard examine le mur devant lequel se tenait Jean-Pascal.

« — Et dire qu'on ne l'a pas vu ! Regarde, il y a un éclat dans le mur, pareil à celui du mur d'en face que la balle de Jean-Pascal a percuté. Et ici, à sa verticale, au sol, des fragments de brique.

— Merci, Édouard, tu me facilites le travail, c'est une partie que je devais encore examiner, dit le technicien du labo.

— C'est un ricochet qui l'a atteint », explique Édouard. Il n'y a que dans les films que l'on voit ce genre de scène.

Tout devient évident comme un coup de poing au visage. Le labo fait les prélèvements voulus qui démontrent qu'en effet, la balle a percuté le mur à cet endroit. La suite est connue : la balle a ricoché, a touché Jean-Pascal dans le dos, a traversé son corps alors qu'il avait les bras tendus et était légèrement incliné vers l'avant, ce qui explique la trajectoire, puis a achevé sa course contre le t-shirt, ralentie et déformée par l'impact sur le mur et le passage à travers une côte.

Même la trajectoire d'un projectile peut nous réserver bien des surprises…

∴

L'un des plus beaux cas que j'ai connus est celui d'une victime sur laquelle le tireur a ouvert le feu alors qu'elle était adossée contre un mur. Le coup de feu est parti, la balle est entrée dans le thorax. L'auteur s'est barré et a laissé sa victime mourir d'hypovolémie. Lors de l'autopsie, j'ai constaté que le sang s'était écoulé depuis le cœur jusque dans la cavité thoracique gauche, causant le décès. Lors de l'examen extérieur, j'ai découvert deux orifices à collerette érosive à même hauteur, un au thorax antérieur gauche et l'autre au thorax postérieur gauche. Il y avait donc eu deux coups de feu, un de face et l'autre de dos. Logique. Et comme je n'ai relevé aucun orifice de sortie, j'en ai conclu que les deux projectiles étaient dans le corps, toujours parfaitement logique. Mais c'était du 9 mm quand même et j'avais plutôt l'habitude de voir de tels projectiles traverser le corps, sauf dans des cas particuliers comme les balles à sommet tronqué, aplati, destinées à être ralenties afin de ne pas pouvoir quitter le corps de la personne touchée. Il fut une époque où les policiers disposaient de ce type de munitions destinées à éviter les dégâts collatéraux, comme toucher la personne derrière celui qui était visé parce que la balle lui avait traversé le corps.

Comme d'habitude en cas de coups de feu, je passe le corps en scopie (à la radiographie) et je recherche les deux projectiles.

Il vaut toujours mieux savoir où les chercher qu'espérer tomber dessus en cours d'autopsie, car les projectiles ne suivent pas nécessairement une trajectoire rectiligne une fois qu'ils sont ralentis par le passage dans le corps. À la scopie, l'appareil émet des rayons X en permanence mais ne prend pas de clichés, ce qui veut dire que j'ai l'image radiographique en direct sur un écran.

Je commence par le thorax où je vois un projectile, contre une côte antérieure gauche. C'est donc le projectile qui est entré par le dos. Mais où est le deuxième, celui qui est entré par le thorax antérieur? Il n'y est pas. Je descends vers l'abdomen : rien non plus. Là, je ne comprends plus. L'expert en balistique, José Serrano, et moi restons perplexes. Je vais quand même passer le crâne et les membres en scopie également, même si je ne vois pas comment le projectile pourrait se trouver en l'un de ces endroits, mais il faut tout vérifier, on se posera les questions ensuite. Rien non plus.

Je réalise l'autopsie avec un collègue mais je me réserve le thorax que j'aborde de manière particulière. En fait, je n'autopsie plus, je dissèque, en suivant de manière très précise les trajectoires. Je pars de l'entrée thoracique antérieure, car c'est celle du projectile perdu et que l'accès en est plus facile puisqu'il ne nécessite pas de retirer les poumons de la cage thoracique. La balle a traversé le cœur, que je retire pour suivre la trajectoire derrière celui-ci. J'éponge la grande quantité de sang qui inonde la cavité pleurale[28] gauche, il doit y en avoir 1,5 litre. J'ai la cause du décès, survenu par effraction cardiaque et hypovolémie[29]. Je dissèque le poumon et j'arrive à l'orifice d'entrée postérieur. Là, je ne comprends plus, c'est pourtant bien une entrée et son projectile se trouve face à la partie antérieure de la quatrième côte gauche.

Je reprends la dissection en partant du projectile et je remonte la trajectoire à travers le poumon. J'arrive à l'orifice d'entrée. J'extrais les poumons et les sectionne pour vérifier qu'il n'y a pas d'autre trajectoire que je n'aurais pas relevée. Mais non, pas d'autre trajectoire. Le reste de l'autopsie est sans particularité et ne permet pas de lever notre perplexité. Quand une balle qui a pénétré dans le corps disparaît sans laisser de trace, on est même prêt à croire au père Noël, voire à une intervention des extraterrestres.

« — Lorsque l'on a éliminé l'impossible, ce qui reste, aussi improbable soit-il, est nécessairement la vérité, disait Sherlock Holmes[30], dis-je à José.

— C'est juste. Ça veut dire que tu penses comme moi ?

— C'est probable, puisqu'il n'y a qu'une solution : la sortie est aussi une entrée.

28 L'espace entre le poumon et la paroi du thorax.

29 Manque de sang pour circuler dans les vaisseaux sanguins et amener l'oxygène aux cellules

30 A. Conan Doyle, *Le Signe des quatre*, 1890.

— Il faut retourner sur place et examiner correctement le mur contre lequel il a dû s'appuyer. »

Nous retournons sur place avec le labo. Les lieux sont restés scène de crime et sont donc intacts depuis le départ du corps vers la salle d'autopsie. José examine le mur à la hauteur que je lui ai indiquée, qui correspond à celle de l'orifice du dos, et il trouve un léger éclat. Le labo fait des prélèvements afin d'y rechercher des traces de la matière qui constitue la balle.

La balle est entrée dans le corps par le thorax antérieur, l'a traversé jusqu'à l'orifice postérieur qui est devenu une sortie, puis a ricoché sur le mur et est rentrée par le même orifice qui est alors devenu une entrée telle qu'elle nous est apparue. C'est une situation complètement dingue qui nécessite que le tir ait eu lieu dans un axe parfaitement droit, parfaitement perpendiculaire au corps, que le mur lui-même soit parfaitement droit et que le corps y ait été bien appuyé, en contact étroit avec le mur.

Les analyses du labo confirmeront le ricochet.

Histoires de garde

La garde, rien que la garde

Une garde dure vingt-quatre heures, durant lesquelles il est interdit de prévoir quoi que ce soit, sauf d'être appelé. Pourtant, parfois, le téléphone ne sonne pas. C'est un peu rageant de rester à disposition toute la journée sans que rien ne se passe, mais c'est la garde, c'est l'imprévu prévu.

Il suffit d'ailleurs de prévoir un déjeuner, un dîner avec des amis pour que le téléphone sonne et qu'au moment de se mettre à table, l'on se retrouve envoyé à l'autre bout de la province, généralement pour un cas sans intérêt, un cas de mort naturelle ou afin de signer un certificat de décès, la police n'ayant pu mettre la main sur le médecin de garde.

C'est ce que j'appelle la loi de la vexation universelle, ou de l'emmerdement maximum. Il suffit de prévoir quelque chose pour qu'à ce moment précis survienne le seul appel de garde de la journée. Dès lors, dans l'attente de l'éventuel coup de fil, je ne prévois rien et rédige mes rapports médicolégaux. C'est une tâche que je peux interrompre à tout moment.

Quand je suis de garde, ma devise est: « La garde, rien que la garde. » Cela me protège du stress de ne pas être libre le moment venu.

La garde: un habillement

Lorsque je suis appelé, j'enfile la tenue que j'ai composée au fil du temps. Nous n'avons pas d'uniforme, puisque nous ne sommes pas des agents de l'État, même si nous sommes assermentés. J'ai fini par opter pour le port d'une chemise et d'un pull; celui-ci ne peut en aucun cas être constitué de laine, qui absorbe les odeurs comme celles de putréfaction, impossibles à faire disparaître sans faire rétrécir le vêtement au lavage. Le pantalon, du type de celui que portent les agents de police, est fait dans un tissu qui ne garde pas les taches de sang au lavage. Je n'ai jamais compris pourquoi les bouchers portent des vêtements d'un blanc immaculé alors qu'ils manipulent de la viande saignante à longueur de journée. Outre le fait de montrer aux clients qu'ils sont propres et que l'hygiène est donc respectée, ce qui ne dure jamais, il y a certainement une explication qui m'échappe. Mes chaussures militaires sont imperméables, noires, à semelles épaisses ; je porte une veste noire pour parachever l'ensemble. Le noir et le bleu foncé permettent de dissimuler les taches de sang, mais sont également la couleur du deuil, ce qui est adéquat vis-à-vis du défunt et de ses proches.

Mon patron, Georges Brahy, insistait pour que nous fassions les gardes en costume-cravate. Cette cravate qui pendouille, même sur le cadavre alors qu'on l'a coincée dans la ceinture ou entre les boutons de la chemise, est une horreur. Au passage, elle se charge de toutes les pertes liquidiennes putréfactives ou sanglantes puis macule la chemise. Les chaussures que nous portions alors étaient tout aussi inadéquates : des mocassins dont la semelle était toujours désespérément lisse, à tel point que nous risquions la chute à chaque fois que l'on approchait d'un cadavre ayant perdu ses liquides, le plus souvent de la graisse issue de la putréfaction. Combien de fois n'ai-je pas chuté sur le cadavre dans un tel accoutrement ? J'ai perdu quelques costumes avant d'oser dire à mon patron que désormais, je m'habillerais autrement.

La garde, c'est d'abord un appel téléphonique

Au bout du fil, le procureur m'accueille avec cette phrase devenue rituelle : « Docteur, j'ai un cadavre pour vous », puis une courte explication quant au décès de la personne. C'est un peu comme le jeu du téléphone arabe auquel on jouait, petits : le principe est de créer une phrase, de la dire à l'oreille du voisin, qui fait de même avec son voisin, et ainsi de suite. La phrase passe de voisin à voisin et revient enfin à son créateur, généralement complètement déformée. C'est ce qu'il se passe lors de mes gardes : le policier sur place prévient la centrale et lui explique la situation à laquelle il est confronté. La centrale téléphone au procureur et lui transmet ce qu'elle a compris de la situation. Le procureur me téléphone et fait de même, et c'est comme ça que je découvre un pendu alors qu'on m'avait annoncé un mort par balle dans la tête...

La garde, c'est aussi la nuit

Il y a des heures clés. À 8 heures, les gens se lèvent, à 17 heures, ils rentrent du travail, à 22 heures, ils rentrent de sortie, à 2 heures, pareil, mais ils sont généralement plus jeunes, et c'est à ce moment-là que des cadavres sont découverts. Le découvreur alerte alors la police qui dépêche une patrouille, laquelle fait les premières constatations puis contacte sa centrale, qui informe le procureur qui me prévient, généralement une à deux heures après la découverte. Il est rare que cela aille plus vite, mais il est fréquent que cela prenne encore plus de temps.

C'est la nuit que c'est le plus pénible, forcément : personne n'aime être réveillé. De plus, il nous arrive à tous de répondre au téléphone, de raccrocher puis de nous rendormir. C'est en général une heure plus tard que le téléphone sonne à nouveau et que l'on entend : « Docteur, vous ne m'avez pas oublié ? » Confusion, gêne, excuses. Pour éviter cela, je me contrains à allumer ma lampe de chevet, je prends note des indications fournies par le magistrat sur ma feuille de garde. Résultat : à la fin de la communication, je suis parfaitement réveillé.

Ensuite, c'est bon, c'est parti. Je suis même parfois content d'être sur la route, dans le noir, alors que les gens dorment encore. Ça a un je-ne-sais-quoi de plaisant.

∴

Ce jour-là, je suis appelé en pleine nuit. Au téléphone, le procureur: « Docteur, j'ai un cadavre pour toi. » C'est un magistrat que je connais depuis longtemps, on se tutoie. De toute manière, à Liège, on se tutoie beaucoup et très vite. Moins aujourd'hui que par le passé, ce qui montre que je vieillis: on ose moins me tutoyer. Vieillir ne m'embête pas : j'y vois l'opportunité de découvrir la vie autrement, mais surtout, ça me permet d'être encore en vie.

J'arrive sur place. Les services de secours sont en train de repartir pour une autre mission, les lampes bleues sont allumées tandis que le bitonal est coupé, ce qui évite de réveiller la ville entière; de plus, il n'y a personne sur la route.

Je me gare, je prends mon sac à dos dans le coffre de la voiture, la porte de l'immeuble est restée ouverte, j'entre. Un policier m'accueille. « C'est au troisième, Docteur. » Je grimpe jusqu'à l'étage où une seule porte est ouverte: c'est forcément là. Je suis surpris de trouver tant de monde dans l'appartement. Procureur, juge d'instruction, police judiciaire: il manque juste le labo, qui doit encore arriver. Le procureur a oublié de me dire qu'il a déclenché la descente criminelle. Je pensais qu'il allait attendre mon avis avant de mettre cette procédure en route.

« — Bonjour, Docteur, me dit la juge d'instruction.

— Comment vas-tu? Bien dormi? lui lancé-je avec un sourire.

— Un peu comme toi, j'imagine. Bon, je t'explique. »

Le défunt se trouve au centre de la pièce, couché sur le dos, bras écartés, les vêtements supérieurs découpés. C'est ainsi que je trouve les corps quasiment chaque fois que les services de secours sont intervenus pour tenter de réanimer le mort, qui, malgré leur acharnement, a continué à être mort. Agissant ainsi, ils mettent la scène de crime en l'air, ce qui est regrettable, même s'ils ont parfaitement raison : personne ne nie qu'il faut avant tout s'assurer de la survie possible de la victime.

La juge me raconte l'histoire, ce qui permet en même temps une mise au point pour tout le monde et de vérifier que rien n'a été oublié. Il y a moins d'un jour, Maxime et Dwight se sont battus pour Anaïs, une jeune femme que les deux amis convoitaient. Maxime, c'est le mort. Dwight, je ne le connais pas encore. Ils se sont battus à coups de poing ; il semble bien qu'aucune arme n'ait été utilisée. Aucun des deux ne s'est rendu à l'hôpital, aucun n'a saigné, aucun n'a perdu connaissance. Une bagarre somme toute banale. Sauf qu'aujourd'hui, Maxime est mort, ce qui fait tache. Mais mort de quoi ? Le médecin du Samu a décrété que son abdomen était gonflé et tendu, ce qui suggère un important saignement, cause du décès.

« — Et c'est qui, ce brillant sujet ? demandé-je.

— De qui parles-tu ?

— Du médecin du Samu. C'est un créatif. Aucune chance que le gros ventre de Maxime soit dû à un saignement. »

Je sors un trocart[31] de mon sac et je le plante au bas de l'abdomen, quasiment dans le dos. Rien ne s'écoule.

« — Voilà, il n'y a pas de sang dans l'abdomen. En tout cas, pas en quantité, ou il aurait coulé. Maxime est juste gros.

— Ah ! Il n'est pas mort de ça, alors.

— Certainement pas ! Un médecin du Samu capable de ce type de fadaises, ça fait peur. Par contre, je voudrais savoir si Maxime s'est plaint de maux de tête ou s'il a vomi.

— Aucune idée. Pourquoi ?

---

31 Grosse aiguille creuse dont on se sert pour ponctionner les médicaments liquides dans une seringue.

— Parce qu'une cause commune à ce type de cas, c'est une hémorragie cérébrale engendrée par un traumatisme crânien. Cela semble fort peu probable vu l'absence de plaie et de perte de connaissance, mais on ne sait jamais.

— De toute façon, on va l'autopsier pour fermer toutes les portes. »

L'examen extérieur ne montre aucune lésion, l'autopsie s'avère blanche, c'est-à-dire qu'elle ne met pas de lésion en évidence permettant d'expliquer le décès. Chou blanc ! Mais, comme d'habitude, je fais un prélèvement sanguin et un prélèvement urinaire. Nous disposons d'un système d'analyse urinaire ultrarapide que l'on peut réaliser sur place. Le test révèle une présence de morphine, de cocaïne, de métamphétamine. Je fais également analyser des prélèvements du foie, d'un rein et des cheveux et les résultats s'avèrent édifiants : Maxime était un toxicomane chronique.

Nos cheveux poussent en moyenne d'un centimètre par mois et ils ont notamment la faculté de fixer les substances médicamenteuses et toxiques que nous absorbons. Ainsi, en analysant les cheveux centimètre par centimètre, on peut voir quelle a été la consommation mois par mois. Les autres prélèvements opérés montrent des doses importantes de ces substances, mortelles dans le cas de Maxime.

∴

« — Docteur, j'ai un cadavre pour vous, quelqu'un qui est mort du tétanos.

— Pardon ? Du tétanos ? Et comment le savez-vous ?

— C'est le médecin intervenu sur place qui l'a diagnostiqué.

— Ah bon. C'est un médecin du Samu ou un médecin de garde ?

— Un médecin de garde.

— Je serais curieux de savoir comment il a posé le diagnostic. Il connaissait le patient ?

— Pas que je sache, c'est un médecin de garde, pas son médecin traitant. »

Je suis fort étonné, car le tétanos est une maladie infectieuse produite par une bactérie, *Clostridum tetani*, présente dans la terre et qui pénètre dans le corps par n'importe quelle blessure cutanée. Il se manifeste notamment par des rigidités musculaires alors que la personne est vivante. Une fois celle-ci morte, les rigidités disparaissent et rien ne permet d'identifier la maladie à l'examen extérieur. Voilà pourquoi je suis bien curieux de comprendre comment ce médecin a fait pour poser ce diagnostic sur une personne décédée. Je me rends sur place. Les policiers m'attendent hors de la maison, dans leur estafette.

« — Bonjour, Docteur. Le mort est dans la maison. Si ça ne vous dérange pas, nous, on reste ici.

— Ah bon ! Pourquoi ? Il pue tant que ça ?

— Non, mais on n'a pas envie d'attraper le tétanos. »

Le tétanos ne s'attrape pas en étant simplement dans la même pièce qu'une personne atteinte. La soirée n'est pas avare en surprises. J'entre dans la maison ; le corps se trouve dans le living, assis dans un fauteuil. Il est raide, de cette raideur cadavérique qui envahit le corps en douze heures et qui demeure durant vingt-quatre à quarante-huit heures. Cette « rigidité cadavérique » est un phénomène tout à fait naturel. C'est cette raideur que le médecin de garde a prise pour la rigidité induite par le tétanos. Il est temps que ce confrère envisage une formation de base en médecine légale.

∴

Un corps est repéré, flottant sur les eaux de la Meuse. Les pompiers le ramènent à la berge au moment où j'arrive. Sur place se trouve un policier que je connais bien, un ami, René, une figure de la police liégeoise, le bon sens et l'humour chevillés au corps. Le cadavre est sur la berge, des voiles de protection ont été placés pour que je puisse l'y examiner sans être vu des passants, ni par René, qui a horreur de ça.

Il est déjà bien avancé, l'épiderme se décolle, laissant apparaître le derme, la couche cutanée qui se trouve directement sous l'épiderme. Il est aussi bien gonflé par l'accumulation des gaz de putréfaction. Ceux-ci sont produits par des bactéries présentes dans les intestins pour faciliter la digestion. Après la mort, elles se développent et envahissent tout le corps, produisant les gaz en question. La vision n'est pas banale : un corps qui n'a presque plus d'épiderme, gonflé comme une baudruche. C'est généralement le cas des noyés, qui ne remontent à la surface que grâce à l'accumulation des gaz de putréfaction. En clair, il est rare que l'on sorte un corps de l'eau qui ne soit pas en voie de putréfaction.

Je commence à le déshabiller. D'abord sa veste, qui contient son portefeuille avec ses papiers d'identité, que je remets à René. En retirant son t-shirt, ce qui lui reste d'épiderme vient avec, dégageant le derme ; pareil quand je lui ôte son pantalon, un jeans serrant sur ce corps tout gonflé.

René, qui a trouvé les papiers d'identité, jette un coup d'œil par-dessus le paravent et j'entends qu'il communique par radio avec la centrale :

« — Allô, la centrale ? C'est René. Dis, j'ai un noyé en bord de Meuse. Je suis avec le docteur. Il y a un problème, il n'a pas les bons papiers d'identité. Sur les papiers, c'est un Noir et celui que le docteur examine, c'est un Blanc.

— René, non, c'est un Noir !

— Tu te fous de moi ? Je vois bien qu'il est blanc, ton Noir.

— Oui, mais c'est normal, il n'y a que l'épiderme qui soit coloré, le derme ne l'est pas et ce que tu vois, c'est le derme, puisque l'épiderme a disparu à cause de la putréfaction !

— Allô, la centrale ? Le Blanc, c'est un Noir. »

«— Docteur, j'ai un mort pour vous. C'est un meurtre, il y a du sang partout.

— Il a été victime de quoi? Des coups de feu, des coups de couteau?

— On ne sait pas encore. Il n'y a aucune plaie visible. On ne sait pas d'où vient ce sang.»

L'expérience m'a appris qu'il y a une nuance entre «y avoir du sang partout» et «y avoir eu un meurtre», mais il vaut toujours mieux vérifier.

À mon arrivée, le labo est déjà au travail dans l'unique pièce du studio où vivait le défunt. J'enfile une combi pour pouvoir approcher le cadavre. D'habitude, j'attends que le labo ait fini, mais j'ai déjà eu le coup à plusieurs reprises et je préfère vérifier que nous ne sommes pas dans la même situation. De grandes quantités de sang perdues par un être humain alors qu'il n'y a pas de lésion visible, c'est qu'il vient de la bouche ou de l'anus.

Le corps est couché au sol, sur le ventre. Il n'est vêtu que d'un slip, sale par ailleurs. Je m'approche du corps et je vois que le sang vient de la bouche. Je jette un coup d'œil dans la pièce et j'y vois de nombreux cadavres... de bouteilles de vin et de cannettes de bière. Depuis la bouche, je relève la présence d'une grande quantité de sang, comme l'a annoncé le procureur.

Tous les éléments s'emboîtent. Les cadavres de bouteilles et de cannettes de même que l'hygiène défaillante de Monsieur évoquent un probable alcoolisme chronique, cause classique d'une rupture des varices œsophagiennes – les veines du bas œsophage se sont transformées en varices lorsque le sang a été dévié par leur structure en trop grande quantité à cause de la fibrose touchant le foie, appelée «cirrhose». Ces varices sont fragiles et lorsqu'elles se rompent, cela crée une hémorragie cataclysmique qui s'échappe par la bouche et cause le décès du patient. En clair, l'alcoolisme de ce monsieur lui a coûté la vie.

Sur le temple de Delphes en Grèce, une inscription a traversé le temps, qui dit : « *Μηδεν αγαν* » (« *Mèden agan* »), ce qui signifie : « Rien de trop ». Un peu d'alcool n'est pas grave, mais trop... ça se paie.

Le meurtre est exclu et le labo peut se retirer. Affaire classée.

∴

Les voleurs crétins

Les histoires de voleurs pas toujours très malins pullulent. Nous y sommes confrontés non pas en tant que médecins légistes, puisqu'il n'y a pas de cadavre, mais plutôt en tant que criminalisticiens, quand on nous demande un avis ou une recherche ADN.

L'affaire Cendrillon

C'est une époque où la technique de l'ADN n'existe pas encore en matière de criminalistique. Un membre du labo me téléphone. Je précise que le membre du labo ne s'appelle alors pas encore « technicien de scène de crime », puisque cette appellation ne viendra qu'avec l'ADN et la création du concept de scène de crime[32].

« — Allô, Philippe, tu peux venir ? Je suis sur un vol et j'aimerais ton éclairage.

— Tu me prends pour une ampoule ? OK, j'arrive. »

---

32 « La scène de crime », dans *Les morts ont la parole*.

Un voleur s'est introduit dans une maison et le labo est là pour la prise de photos et le relevé d'empreintes digitales éventuellement laissées par le voleur.

« — Regarde le tapis, il est repoussé comme si quelqu'un avait glissé dessus.

— Oui, je vois.

— Maintenant, regarde devant le tapis, il y a un petit meuble.» C'est un meuble d'une marque suédoise bien connue aux noms tellement tarabiscotés qu'on n'a aucune chance de les retenir. Il est fait de planches placées entre deux montants maintenus par un croisillon en métal. Le bois de cette armoire est très tendre. Je suis convaincu que vous voyez bien de quoi je parle.

« — Regarde, juste là, ce ne serait pas un morceau de dent?

Il me montre comme un éclat qui sort du bois. Je prélève délicatement cet éclat avec une pince, il doit faire 2 mm^3 à tout casser. Je sors ma loupe et je l'examine.

— Tu es un génie! C'est exactement ça! Normalement, vu la cinétique de chute, c'est un morceau d'incisive supérieure. Ça veut dire que le voleur a glissé sur le tapis et s'est reçu, face en avant, sur ce petit meuble, que ses incisives s'y sont incrustées et qu'un petit bout est resté dans le bois.

— Donc le voleur se promène avec un morceau d'incisive en moins. Vu la petite taille, il ne s'en est peut-être même pas rendu compte.»

Ce dossier prend dès lors le nom d'« affaire Cendrillon ». Je passerai mon temps à tenter de faire correspondre ce morceau de dent à la bouche des suspects, jusqu'à tenir le bon. Il ne s'est pas rendu compte qu'il avait laissé un indice crucial sur les lieux de son méfait.

Le chieur

Un voleur s'est introduit dans une maison pour la cambrioler et a été pris d'un besoin pressant. La nature impose parfois sa loi.

Il interrompt sa fouille de la maison, trouve les toilettes, s'installe sur le vase de WC puis se dit qu'il chierait bien à côté du pot, question de laisser un souvenir aux propriétaires. Soulagé de ce besoin naturel, il termine sa fouille puis quitte la maison. Au retour, les propriétaires découvrent le carnage, appellent la police qui fait venir le labo qui me téléphone.

« — Philippe, tu ne vas pas me croire. Je suis sur un cambriolage et l'auteur a chié à côté du pot.

— Comment ça, chié ? C'est un cambriolage, non ?

— Ben oui, mais il a dû être pris d'un besoin pressant. Dis, on peut faire une recherche ADN avec des matières fécales ?

— Oui, bien sûr. » Ce n'était pas vrai au début de l'exploitation de cette technique à la fin des années 1990, mais entre-temps, beaucoup de choses sont devenues possibles. On pourra identifier l'ADN de ce cambrioleur grâce à l'étron qu'il a laissé. Une belle signature qui l'a bien mis dans... la merde.

Le masque

Cambriolage dans une bijouterie. Ils sont deux qui menacent le bijoutier qui en a vu d'autres, c'est la troisième fois qu'il se fait braquer. Ce n'est pas encore vraiment la mode à l'époque, au début des années 2000, mais, vu son expérience déjà chargée, le bijoutier a fait placer des caméras. Malheur, les braqueurs sont masqués, ils portent des cagoules. Une fois partis, la police intervient, appelée par le bijoutier. Elle visionne les images des caméras et voit se dérouler toute la scène devant elle. Les braqueurs ne peuvent pas être identifiés. Mais l'une des caméras, celle qui filme la porte d'entrée, montre l'un des braqueurs qui, une fois dehors, retire sa cagoule. Il est vrai que se balader avec une cagoule de ce type en pleine rue n'est pas très discret. On ne voit pas son visage, mais les policiers notent qu'il jette sa cagoule dans une poubelle publique, juste devant la bijouterie. Et elle y est toujours ! Cette cagoule permettra de trouver le code génétique du braqueur, qui sera arrêté et ne tardera pas à donner le nom de son complice...

Pas de chance

J'assiste à la reconstitution d'une sombre affaire d'alcooliques qui se sont relayés pour frapper l'un d'entre eux, à intervalles plus ou moins réguliers, durant une longue nuit, au terme de laquelle cet homme est mort. La police a dénommé ce dossier « QIM », pour « quotient intellectuel d'une moule », tant les protagonistes étaient ravagés par l'alcool dans lequel leur cerveau surnageait à peine.

Comme les prévenus sont nombreux, les policiers, avec la brigade canine, le sont aussi afin d'assurer la sécurité. La police a bloqué cette rue à sens unique, un barrage étant placé à l'entrée autorisée de la rue. De l'autre côté, pas de barrage puisque l'accès y est interdit.

Je discute avec des policiers lorsque nous voyons arriver, par le sens interdit, un homme qui court vers nous, poursuivi par d'autres qui crient : « Au voleur, arrêtez-le ! » Les policiers le maîtrisent rapidement. Il a volé le sac d'une dame, à la tire, dans une rue voisine. Les policiers lui passent les menottes et l'embarquent.

Avant de monter dans la camionnette, il nous dit : « Mais d'habitude, vous n'êtes pas là si vite ! » Pas plus malin que les autres, celui-là.

Le mariage vous va si bien

Hervé et Estelle sont mariés. Ils se sont rencontrés à une soirée dansante, une « boum », comme on disait à l'époque. Comme la « boum » du film éponyme avec la jolie Sophie Marceau qui, à 14 ans, avait enflammé l'écran à tel point que c'est le seul personnage ou presque que l'on a retenu. Qui se souvient que Claude Brasseur et Brigitte Fossey tenaient le rôle de ses parents ? On se souvient plus facilement de la grand-mère un peu déjantée, Poupette, jouée par la fabuleuse Denise Grey.

Bref, une boum un peu comme dans le film, sous l'œil plus ou moins acéré des parents. Pas question d'alcool, pas question de se bécoter, les parents veillaient. À 22 heures, extinction des feux et tout le monde chez soi.

Lors de cette fameuse boum, Estelle et Hervé ont eu le coup de foudre, comme tout le monde a pu s'en rendre compte. Un de ces élans du cœur que l'on ressent immédiatement, sans vraiment savoir pourquoi. Quelle est cette chimie qui fait que, d'un simple regard, deux êtres se reconnaissent ? Certains chercheurs se sont penchés sur le sujet, sans grand succès. « L'hormone de l'amour »... Si on la trouvait, celle-là, je connais quelques politiques auxquels l'injecter, à l'Est comme à l'Ouest.

Ils ont pu danser le slow de la soirée ensemble. Le slow, c'était souvent en fin de soirée, le point d'orgue qu'il ne fallait pas louper. Hervé était en embuscade et dès qu'il a entendu les premières notes langoureuses, il a bondi sur Estelle qui n'attendait que ça. Hervé sentait son cœur battre.

C'est parce qu'il s'emballe quand on rencontre une personne qui nous plaît que les anciens ont estimé que le cœur est le centre des émotions. Par ailleurs, cet organe ne ressemble

en rien à ce que l'imagerie populaire en a fait. Un cœur, en vrai, c'est moche. On dirait une espèce de poire avec plein de tuyaux qui arrivent par sa tête. On est loin de l'image qui habille les magasins à la Saint-Valentin, la fête des amoureux. Une fête dont on connaît peu de choses sur l'origine, sinon quelques légendes qui circulent. L'une voudrait que saint Valentin (de Terni) ait été décapité le 14 février 269 parce qu'il célébrait des mariages chrétiens ; avant sa mort, il aurait envoyé un mot à sa bien-aimée, la fille de son geôlier dont il était tombé amoureux. Cette jeune femme était aveugle et, grâce au mot doux qu'il lui aurait fait parvenir, elle aurait retrouvé la vue. Une autre raconte que cette fête a été choisie car, en Angleterre, c'est le jour où les oiseaux copulent le plus. Ce serait également le jour de la fête de la fécondité chez les païens d'avant la christianisation, qui aurait ainsi été récupérée par le monde chrétien. Toujours en Angleterre, la coutume voulait au XIVe siècle qu'à cette date, on envoie un mot doux à son ou sa bien-aimé(e), mais également à une ou à un ami.
Quoi qu'il en soit, c'est le pape Alexandre VI qui, en 1496, a choisi le 14 février pour fêter saint Valentin de Terni, le désignant comme le saint patron des amoureux tout en condamnant le valentinage. En, effet, au Moyen Âge, un jour par an, celui de la Saint-Valentin, les femmes avaient le droit d'avoir des relations sexuelles hors mariage au vu et au su de tous, même du mari, qui peut-être avait d'ailleurs été choisi par une autre femme.
Il est plutôt comique de voir qu'un pape tel qu'Alexandre VI, qui condamnait le valentinage, avait lui-même plusieurs enfants et hébergeait sa maîtresse, Julia, au Vatican. Pour la petite histoire, celle-ci était issue d'une importante famille romaine, les Farnese, et son frère Alexandre deviendrait le pape Paul III ; son palais abrite aujourd'hui l'ambassade de France à Rome.

Estelle, discrète, ne manifeste rien. Hervé espère qu'elle partage ses sentiments, mais comment le savoir? Ce n'est pas l'époque où l'on ose s'embrasser dès le premier rendez-vous.

Ainsi, le slow marque la fin de la soirée. Les jeunes vont se disperser. Hervé ose demander à Estelle où elle habite, s'ils peuvent se revoir. Il est très stressé et jette ces deux phrases presque en une seule, tout surpris d'avoir été capable de les prononcer. À la rigueur, il pourrait se demander si c'est bien lui qui les a dites.

Hervé a le nom et l'adresse d'Estelle! Ils ont convenu de se retrouver le samedi suivant devant un magasin de jouets qu'ils connaissent bien, pour aller se promener. À peine rentré, Hervé parcourt le bottin téléphonique à la recherche d'Estelle. Bingo: il a son numéro! Il le garde bien au chaud pour un éventuel usage ultérieur.

Le samedi arrive. Pour tuer le temps, Hervé contemple la vitrine du magasin de jouets. Il ne peut s'empêcher de penser qu'il y a trois ans à peine, il aurait cassé les pieds de son père pour les avoir, alors qu'aujourd'hui, ceux-ci le laissent totalement indifférent. Aujourd'hui, son cœur bat pour une fille. C'est terrible, l'adolescence: c'est un virage à 90° que l'on prend au volant d'une voiture qui roule à 100 km/heure et on voudrait qu'on ne se casse pas la figure!

Mais aujourd'hui, c'est même à 180 km/heure qu'elle roule, la voiture d'Hervé. Il est en excès de vitesse, et plus encore lorsqu'Estelle paraît. Elle est si jolie dans son jeans et son chemisier blanc, un pull jeté sur les épaules, à la garçonne. Ça lui va bien. On est le 14 février et il fait encore bien froid dans ces régions du nord, mais les hormones sont en ébullition à cet âge et les variations thermiques ne se ressentent pas de la même manière qu'à 30 ans. Ils se saluent, se serrent la main. Même embrasser une fille sur la joue relève du défi. Estelle n'est pas seule, elle a pris son chien, Chewbacca, avec elle. C'est vrai que, même s'il est petit, il a bien la tête du Chewbacca de *Star Wars*, film sorti l'année précédente.

« — Je l'ai pris pour avoir une excuse pour sortir!

Chewbacca ne le sait pas encore, mais il va dorénavant sortir très régulièrement, au grand étonnement des parents d'Estelle.

— Il est mignon! On va se promener? propose Hervé un peu bêtement, mais il faut bien dire quelque chose.

— Si tu veux », répond Estelle, qui joue les indifférentes.

Et les voilà partis. Hervé a mis ses mains dans les poches de son jeans pour se donner un peu de contenance, et puis parce que gêné comme il l'est, il ne sait pas où les mettre. En tout cas pas dans celles d'Estelle, ça ne se fait pas. C'est le meilleur moyen pour se prendre un vent. Il le sent bien, Estelle, il ne faut pas la brusquer. Elle n'est pas comme sa copine, Christine, qui embrasse tous les garçons. Ils se la sont tous faite – ce qui signifie, dans les années 1980, qu'ils l'ont déjà tous embrassée.

Ils parlent de tout, de rien, de la fête de la veille qui était une belle réussite, on s'est bien amusé, de leurs copains communs, de leurs écoles et de leurs profs. Une heure est déjà passée; Estelle doit rentrer, sinon ses parents vont s'inquiéter.

« — Je peux te téléphoner? s'enhardit Hervé.

— Si tu veux », répond Estelle, qui continue à jouer les distantes avec ce garçon qui lui plaît.

Estelle ne veut rien montrer, rien laisser transparaître mais elle bouillonne, elle voudrait lui prendre la main pour marcher mais ce n'est pas à elle de faire le premier pas, c'est au garçon. Et Hervé n'ose rien, ne tente rien. Il a trop peur. Il veut lui prendre la main, mais il a peur qu'elle la renvoie dans la poche de son jeans d'où elle n'aurait pas dû sortir.

Hervé lui prend la main. Il est debout, en beau costume gris clair, et aide Estelle à gravir les marches du chœur. Pas facile de se déplacer avec une robe qui tombe jusqu'au sol en entravant les pieds. Pas facile de marcher avec ces nouvelles chaussures qui sont bien jolies mais serrent terriblement les orteils. Pas facile de marcher quand tout le monde nous regarde. Pas facile de marcher quand on nous photographie, nous filme de partout. Ce n'est vraiment pas le jour de se prendre les pieds dans la robe! Pas facile de marcher quand on sait que c'est « le » jour de notre vie, celui où l'on va épouser celui qu'on aime depuis toujours, ce petit con d'ado qui hésitait à nous prendre la main lors de nos premières promenades. Il lui a fallu pas moins d'un mois pour l'oser, et au début, sa main était moite et gluante tant il était stressé. Il lui a fallu encore un bon mois pour oser l'embrasser, très mal, d'ailleurs. Visiblement, il n'avait aucun entraînement. Depuis, ça a toujours été lui. Le premier, le dernier.

Estelle a dit « oui ». Le marié l'a embrassée, bien mieux qu'il y a dix ans. Dix ans déjà, d'une vie qui n'a pas été un long fleuve tranquille. Il y a eu des crises, des séparations, même. Hervé a connu d'autres femmes, mais sans jamais atteindre la même connivence qu'avec Estelle. Estelle aussi a fréquenté d'autres hommes, mais avec l'impression de tromper Hervé.

« Docteur, j'ai un mort pour vous. » Il fait beau et je taille les arbustes du jardin. Il faut bien que ça se fasse et, vu mes occupations, j'ai intérêt à profiter de chaque moment creux. Je revêts mes vêtements de garde, je vérifie que j'ai bien tout mon matos dans le coffre, ce qui est parfaitement inutile vu qu'il n'en sort jamais ailleurs qu'en descente, mais comme Marie-Émilie, ma fille, emprunte parfois ma voiture, je préfère vérifier.

> Que de kilomètres parcourus en près de trente-cinq ans de pratique, de jour comme de nuit en cas de garde. Cette garde qui en a déjà découragé plus d'un. C'est vrai que c'est astreignant, mais en outre, la garde n'est plus à la mode dans le milieu médical. Aujourd'hui, c'est un métier que l'on aime voir débuter à 8 heures et finir vers 16 heures. Est-ce mal? Pas du tout, c'est juste une évolution et il faut s'y faire.

Le dinosaure que je suis roule sur ces routes de campagne tant aimées. Sur place, la camionnette de police est là, comme d'habitude.

« — Bonjour, Docteur !

— Bonjour, comment ça va?

— Bien, mais je dois vous dire que le magistrat s'est ravisé, il fait une descente crim, on attend le labo.

— Ah merde, il aurait pu me le dire, j'aurais attendu avant de venir.

— Oui, vraiment désolé.

— Vous n'y êtes pour rien. Et il arrive quand, le labo?

— Dans une heure.

— Quoi !? Eh merde, j'aurais pu continuer à tailler mes haies, nondidju[33].

Je râle un peu, car je sais que le labo en a aussi pour deux heures de travail, ce qui fait trois heures avant que je puisse opérer, soit un peu plus que le temps qu'il me faut pour faire un aller-retour jusque chez moi.

— Vraiment désolé, Docteur.

— T'inquiète, ça va aller. Il y a un café dans le coin?

— En bas de la rue, sur la place de l'Église, Aux bons amis, il est très bien tenu.

— Bon, voilà mon numéro de portable, appelez-moi quand le labo a fini. »

J'ai toujours un livre avec moi pour des cas comme celui-ci. En fait, en médecine légale, on ne sait jamais sur quoi on va tomber. J'ai coutume de dire, imitant Tom Hanks dans *Forrest Gump* : « La médecine légale, c'est comme une boîte de chocolats, on ne sait jamais sur quoi on va tomber. » Et c'est tellement vrai !

---

33 Locution wallonne qui signifie « Nom de Dieu ».

Me voici attablé dans un café très couleur locale, comme je les adore, avec un bon livre, *C'était mon chef,* qui relate les souvenirs de l'une des principales secrétaires d'Hitler, Christa Schroeder, préfacé par François Kersaudy. J'affectionne beaucoup la période de la Deuxième Guerre mondiale. Je me souviens du livre que je lisais parce que le cafetier m'a interpellé.

« — Vous aimez ça, vous, Hitler?

— Non, mais j'aime l'histoire et je pense qu'on devrait tous mieux la connaître afin de ne pas reproduire les erreurs du passé...

— Vous avez bien raison. Et il est bien, ce livre-là? »

C'est aussi cela que j'aime dans ces cafés locaux : tout le monde parle avec tout le monde. J'ai pris une bière locale, il n'en manque pas en Belgique, pays aux mille bières. J'en suis à ma troisième consommation lorsque mon portable sonne. Qu'on ne s'y trompe pas, ce n'est pas ma troisième bière : après ma bière, j'ai pris un café puis un thé noir.

« — Vous pouvez venir, Docteur, le labo a fini, il vous attend.

— J'arrive. »

Je paie et je pars.

Sur place, je retrouve le labo en la personne de l'un de mes amis, Jean-Robert : on se connaît depuis trente ans, on a même fait du théâtre ensemble. Une petite troupe avait été créée par deux avocats liégeois, Philippe Moureau, parti trop tôt, et Jean-Dominique Franchimont, qui avaient réuni un magistrat de la cour d'appel, Olivier, habitué à présider des cours d'assises, Marianne Lejeune, avocate générale très connue à Liège, chacun jouant son rôle habituel, puis des policiers et un juge de paix, jouant divers rôles, et de vrais acteurs. Jean-Do rédigeait les textes et remettait en scène de célèbres affaires de cour d'assises, comme l'affaire Dominici. Nous nous sommes même produits au festival du polar des Sables-d'Olonne. Toute une aventure !

« — Il a des coups tout partout, ça va te plaire », me lance Jean-Robert, tout engoncé dans sa combi, pourtant de grande taille.

Le corps d'Hervé se trouve dans le vestibule de la maison, au bas d'une volée de quatorze marches. Sur les marches, des pantoufles sans contrefort, c'est-à-dire ouvertes à l'arrière. C'est facile à enfiler, mais ça ne tient pas aux pieds. Elles sont à proscrire dans les escaliers. J'en ai déjà vu, des morts, dans les escaliers, parce qu'une de leurs pantoufles les avait lâchés et qu'ils se sont farci la descente façon luge avec encastrement dans le mur, traumatisme crânien puis décès.

Ce qui inquiète tout le monde, ce sont les traces de coups relevées par la police, mais aussi le fait qu'Hervé porte des chaussures, excluant de fait une chute engendrée par le port de pantoufles.

D'emblée, je note une plaie au crâne, frontale paramédiane droite, longitudinale par rapport à l'axe du corps, qui a visiblement beaucoup saigné. C'est elle qui est à l'origine de la mare de sang qui s'étend autour de la tête.

« — Regarde, me dit Jean-Robert, là, j'ai relevé du sang. Je l'ai prélevé pour analyse ADN éventuelle. Tu crois que ça peut être sa plaie crânienne qui a laissé cette trace?

Jean-Robert me montre le bord supérieur d'un radiateur, juste en face du corps d'Hervé. C'est un vieux radiateur, en fonte et à soufflets, c'est-à-dire constitué de pièces en fonte placées parallèlement les unes aux autres, comme un soufflet.

— C'est une bonne hypothèse, mais je vais d'abord vérifier qu'il n'y a pas d'autre plaie. »

Je manipule le corps d'Hervé et j'entreprends de le déshabiller pour me faire une idée plus précise, quand arrivent les magistrats. Je m'interromps pour les recevoir, mais je prends quand même la température rectale pour pouvoir, plus tard, évaluer le moment du décès.

La juge d'instruction se fait exposer la situation. Hervé et Estelle sont mariés depuis plus de trente ans, mais c'est un couple dysfonctionnel. La police a dû intervenir à plusieurs reprises pour des éclats entre les époux. Récemment, la situation s'est aggravée. Il y a deux semaines, Estelle a même été hospitalisée pour fracture de côtes et difficultés respiratoires suite à une chute dans les escaliers, a-t-elle dit à l'époque. Aujourd'hui, elle a expliqué aux policiers qu'en fait, c'est son mari qui l'a frappée à coups de poing.

Estelle et Hervé ont connu des années de vrai bonheur avec la naissance de leurs deux enfants. Tous deux travaillaient et se relayaient pour aller chercher les enfants à l'école, faire les courses, tout allait bien, même si tout n'était pas toujours rose, mais cela s'appelle la vie. Puis le temps a passé, la vie s'écoulait inexorablement. Les enfants ont fini par quitter le nid, Hervé a été retraité le premier. Il ne s'y était pas préparé, il n'avait rien anticipé. Grave erreur ! Il n'y a rien de pire que de se trouver sans activité du jour au lendemain, sans plus représenter aucun intérêt pour la société, sans plus exister, ni pour soi ni pour les autres. Et en effet, Hervé n'a trouvé que le désespoir.

L'alcool, ce faux ami, est venu se greffer sur cette situation. Hervé a consulté. Psychiatre et psychologue l'ont pris en charge. En vain ! Hervé a continué à boire, et pas seulement au café, à la maison aussi, et seul, de surcroît. La consommation du solitaire est la pire de toutes, elle témoigne le plus souvent d'un alcoolisme profond. Bien évidemment, Hervé a refusé de le reconnaître, ce qui a causé de nombreuses et fréquentes disputes avec Estelle qui voulait lui faire entendre raison. En vain ! Pire, ces discussions dégénéraient toujours. Estelle le savait, mais elle ne pouvait s'en empêcher quand elle le découvrait, au lendemain d'une nuit arrosée, couché en travers du vestibule car il n'était pas parvenu à rejoindre l'étage. Estelle a tout tenté : les médecins, les cures de sevrage en milieu hospitalier ou non, les thérapies, un voyage en amoureux sur la côte basque qu'il affectionnait tant. Tout cela, toutes ces tentatives se sont soldées par un échec cuisant. Estelle était très malheureuse, d'autant plus que ses enfants ne venaient plus, ne voulaient plus voir leur père. Ils lui en voulaient de s'être laissé aller ainsi et de se complaire dans cette situation, faisant souffrir leur mère. Ils lui en voulaient de ne pas parvenir à trouver une issue, de ne pas en avoir la volonté. Un médecin lui a dit : « Vous savez, Madame, tant qu'il ne le veut pas vraiment, ça n'ira pas. » Estelle l'a constaté : en effet, cela n'irait pas.

Hervé est au pied des escaliers, et c'est la fin d'une relation qui a commencé par l'amour puis qui s'est perdue dans les travers de l'existence.

« — Quelqu'un a touché au corps, à part le labo ?

— Non, Docteur, pourquoi ?

— Parce qu'il n'est pas dans l'axe des marches. Avec les jambes disposées ainsi, il ne peut pas avoir chuté dans les escaliers. »

Lors d'une chute dans les escaliers, les jambes restent généralement alignées avec la direction de la descente. Or, celles d'Hervé forment un angle de 90° avec cet axe, ce qui ne correspond en rien à la position attendue.

« — Ça correspond bien à ce qu'on pense et au motif pour lequel nous sommes là, cela ne semble pas être un accident, dit la juge. Vous autopsiez quand, Docteur ?

— Quand vous voulez, Madame la Juge. »

L'autopsie a lieu le jour même, dans les locaux de pompes funèbres du coin qui disposent d'une table d'autopsie pour la thanatopraxie. L'un de mes collègues m'a rejoint et nous commençons par un examen extérieur. Hervé est déshabillé et les vêtements saisis par le labo puis, sous un bon éclairage, je parcours le corps à la recherche de lésions. Et il n'en manque pas, à tel point que je mets trois quarts d'heure à les relever toutes. Elles sont photographiées par le labo. Ce sont des lésions de tous âges au crâne, dont la calvitie nous aide beaucoup à les visualiser, aux coudes, aux avant-bras, aux faces antérieures des deux jambes[34]. Le fait qu'elles soient d'âges divers signifie qu'il y a eu des coups

34 La jambe, sur le plan anatomique, est la partie du membre inférieur qui s'étend du genou à la cheville.

répétés dans le temps, ce qui n'est pas rassurant. Par contre, leur localisation sur des parties saillantes peut signaler des chutes et des heurts à répétition. Dans le cas d'une personne alcoolique, ces lésions sont communes, elles ne me surprennent donc pas, mais leur nombre reste étonnant.

Dans ces conditions, la seule plaie qui inquiète vraiment est celle du frontal. Une plaie bien nette, comme coupée, même si elle n'en a pas toutes les caractéristiques. C'est l'une de ces plaies que l'on se fait contre un plan saillant mais non coupant. Une plaie contondante parfaitement compatible avec un heurt contre le bord supérieur d'un radiateur, comme le suggère Jean-Robert. Toute la question, maintenant, est de savoir quel est le rôle de cette lésion dans le mécanisme du décès, car, sauf pathologie sanguine ou circonstances exceptionnelles, on ne meurt pas d'une plaie crânienne, sauf si elle s'accompagne d'une hémorragie cérébrale avec ou sans fracture crânienne associée.

Voilà, ça y est, j'ai ma motivation supplémentaire, comme j'adore en avoir en autopsie. Mais il va falloir être patient : il faut commencer par le dos, l'inciser puis le recoudre, retourner le corps avant d'avoir accès au crâne tandis que mon collègue Max s'attaque au thorax et à l'abdomen. Max est un excellent autopsieur et il adore ce job, c'est toujours un plaisir de travailler avec lui. J'ouvre la peau du crâne en incisant d'une oreille à l'autre en passant par le sommet. Je dégage ensuite l'os crânien en tirant la peau antérieure vers l'avant et la postérieure vers l'arrière. Aucune fracture n'est relevée. Je découpe la boîte crânienne avec une scie à plâtre. C'est la scie la plus pratique, car elle ne s'attaque qu'aux tissus durs, comme l'os, en épargnant les tissus mous. J'enlève la calotte crânienne.

« — L'audition de Madame est terminée, m'informe la juge. Elle précise n'avoir ni frappé ni poussé son mari contre le radiateur, Docteur. Elle affirme l'avoir trouvé ainsi en se levant ce matin.

— Merci pour ces précisions. Pour ce qui est du moment du décès, nos constatations sont conformes avec la déclaration de Madame. Pour le reste, nous approchons du résultat, dis-je en déposant la scie à plâtre. Le crâne est scié, je n'ai plus qu'à l'ouvrir. »

À juste titre, les enquêteurs ont envisagé qu'Estelle ait poussé son mari dans les escaliers, puisqu'il n'y avait aucune raison objective pour qu'il tombe tout seul. La juge a fait entendre Estelle dans les locaux de la police, puis elle est restée à disposition, privée de liberté sans vraiment l'être puisqu'elle n'a pas demandé à partir. Si elle l'avait demandé, la juge l'aurait vraisemblablement mise sous mandat d'arrêt. Tous demeurent dans l'attente du verdict de l'autopsie, et il ne va pas tarder à tomber.

C'est un moment que j'adore, celui où on va enfin savoir, celui pour lequel l'autopsie a été pratiquée. Je lave mes gants et j'y vais. Je saisis un maillet en fer et un burin. J'introduis le burin dans la fente osseuse que la scie a créée entre les os du crâne. Je frappe sur le burin avec le maillet, l'écart s'agrandit et permet d'introduire dans la fente un crochet que j'insère sous l'os du dessus. Je tire sur le crochet et c'est toute la voûte crânienne qui s'enlève, laissant apparaître l'espace entre l'os et la dure-mère, la plus externe des méninges qui entourent le cerveau. Pas d'hémorragie à ce niveau. Mais celle-ci peut encore apparaître sous la dure-mère, entre celle-ci et le cerveau. Mais pas d'hémorragie, là non plus.

Hervé n'a pas subi une mort traumatique. Il a fait un malaise, il s'est écroulé. Dans sa chute, sa tête a percuté le radiateur, occasionnant une plaie qui a saigné de manière active mais aussi vraisemblablement surtout passive, *post-mortem*, car il n'y a eu que peu de projections sanguines alors qu'une petite structure artérielle avait été sectionnée. Hervé est mort des suites de son malaise, vraisemblablement un problème cardiaque, toute autre cause ayant été écartée sur le plan macroscopique (à l'œil nu).

Des années plus tard, je donne une conférence au cours de laquelle le public est invité à me poser des questions. Estelle est là et elle demande la parole.

« — Docteur, je tenais à vous remercier : vous m'avez sauvé la vie !

— Vous devez faire erreur : je ne sauve pas de vies.

— Si, vous avez démontré que je n'avais pas tué mon mari, qu'il est mort de son alcoolisme, pas parce que je l'ai poussé dans les escaliers.

— Je dis ce que je vois, c'est tout !

— Je sais, mais c'est quand même grâce à vous que je suis libre aujourd'hui ! »

À côté d'elle, un monsieur qui, vu son attitude, doit être son compagnon. M'adressant à lui :

« — Monsieur, faites quand même attention aux radiateurs. »

Estelle rit, comme le reste de la salle.

Estelle a accepté que je raconte son histoire. Elle a accepté que je raconte la vraie histoire avec son vrai nom, mais je ne le fais jamais. Estelle porte en réalité un autre prénom, tout comme Hervé, et j'ai romancé leur histoire pour limiter les possibilités qu'un tiers étranger à l'affaire les reconnaisse. Estelle vit heureuse et c'est tout le malheur qu'on lui souhaite, pour longtemps encore.

Urban Legend

La mort effraie, terrorise, obsède, séduit, inspire, dégoûte : tant de verbes pour qualifier une seule réalité et la seule certitude que nous ayons : nous allons tous mourir... un jour. On a beaucoup écrit à son sujet, mais ce sont toujours des gens qui ne sont pas morts, qui ne l'ont pas connue qui se sont exprimés. Parmi eux, certains ont été déclarés morts pendant un moment puis sont revenus à la vie. S'ils sont revenus à la vie, c'est qu'ils n'étaient pas morts mais en train de le devenir, ce qui n'est pas la même chose. Les évangiles nous rapportent deux résurrections, celle de Lazare, qui n'a rien dit de l'après-mort, et celle du Christ, qui n'en a rien dit non plus.

Bref, ceux qui en parlent n'en ont pas la moindre expérience. Et dans ces cas-là, face à un mystère aussi insondable, que fait-on? On recourt aux croyances et aux religions. C'est ce qui s'est passé de tout temps. Et pour quelles réponses? Celles que permet l'acte de foi, c'est-à-dire la croyance en un concept qui n'est pas démontré.

Comme disait mon professeur de sciences en secondaires : « Si c'est pour croire, c'est au fond du couloir, la porte à droite, la salle du cours de philosophie. Ici, on fait de la science et la science ne croit pas. Soit elle démontre, soit, à défaut, elle émet des hypothèses qu'elle tente de vérifier. » Voilà, c'est dit.

Régulièrement, quand je suis en dédicace ou en conférence, un lecteur me demande si j'ai déjà observé des phénomènes surnaturels. Ma réponse est claire : j'ai vu plusieurs milliers de morts et n'ai jamais rien observé de surnaturel. J'aimerais bien, mais ce n'est pas le cas.

« — Même pas un halo autour d'un visage?

— Même pas ! Rien. J'aimerais bien observer quelque chose de surnaturel, ça me changerait. Mais non. Ils sont discrets, les fantômes, quand ils me voient, je dois leur faire peur. »

Avoir peur de la mort est normal, puisque c'est quelque chose que l'on ne connaît pas mais qui est déterminant pour notre devenir. En fait, notre peur de la mort est une peur de l'après-mort dont on ne sait rien, sinon que la mort en est la porte d'entrée.

Les médecins légistes avec lesquels j'en ai parlé, s'ils conservent pour la plupart une certaine crainte à l'égard de la mort, l'ont parfaitement maîtrisée. Il ne serait pas possible de faire un métier qui nous rappelle constamment que nous allons mourir sans avoir résolu notre problème avec notre propre mort. Mais, tant que nous travaillons, nous sommes encore jeunes, plus ou moins loin de la retraite, loin de la date prévisible de notre mort, fixée en fonction de la longévité moyenne de la population. Mais comment savoir comment nous réagirons quand viendra l'heure dernière ? J'ai appris récemment qu'un de mes prédécesseurs à la chaire de médecine légale avait présenté une angoisse terrible au moment de mourir. Nous restons des humains et, comme tout un chacun, nos peurs d'aujourd'hui ne seront pas nécessairement celles de demain ni celles que nous connaîtrons quand nous aurons à affronter cette dernière épreuve de notre vie.

La peur et l'angoisse causées par notre manque de connaissances à propos de l'après-mort sont de sacrés moteurs d'activation cérébrale, de l'imagination. Et celle-ci peut, dans de telles circonstances, être particulièrement féconde et produire les plus insensées des histoires.

« Il bougeait encore, Docteur ! »

Un homme, Anthony, victime d'un accident cardiaque qui l'a laissé en asystolie (le cœur ne battait plus), a été amené à l'hôpital par le Samu. Après une réanimation qui lui a rendu un rythme cardiaque et a permis son transfert en milieu hospitalier, Anthony est décédé, malgré les soins attentifs et performants du service d'urgence. La famille est au désespoir. Cette mort est parfaitement inattendue. C'est vrai qu'Anthony se plaignait de douleurs thoraciques le matin de sa mort, mais rien d'inquiétant, il lui arrivait souvent de souffrir de névralgies intercostales. La famille demande à voir le corps du défunt. On l'amène dans une salle prévue à cet effet, où le corps est présenté sur un brancard, recouvert d'un drap, laissant juste apparaître la tête et le visage. L'infirmer se retire, laissant les proches seuls dans cette mortuaire improvisée. L'épouse, Galia, passe la main sous le drap pour saisir celle de son mari.

« Docteur, j'ai une mission pour toi. Peux-tu te rendre aux urgences de tel hôpital pour m'aider à comprendre ce qu'il se passe ? Un mort a bougé. » Galia a crié tellement fort qu'elle en a fait trembler les murs et qu'un infirmier s'est présenté.

« — Il m'a serré la main, il n'est pas mort.

— Madame, je vous assure qu'il est mort.

— Il m'a serré la main, je vous dis. Appelez le médecin, il n'est pas mort. »

Arrivée du médecin. Ramdam de tous les diables dans le service. Des patients s'inquiètent. « Ah bon ? Ils ne sont pas foutus de voir si quelqu'un est mort ou vivant ? »

« — Calmez-vous, Madame, il est bien mort.

— Docteur, je vous dis qu'il n'est pas mort. Sauvez-le, il m'a serré la main.

Les électrodes sont remises en place : le cœur est en inactivité complète.

— Regardez, Madame, le cœur n'a aucune activité. C'est parce que je ne suis pas parvenu à le relancer que tout a été arrêté et qu'il a été déclaré mort.

— Mais puisque je vous dis qu'il m'a serré la main !

— Madame, je ne sais pas ce que vous avez senti, mais il est bel et bien mort. Il n'y a plus rien à faire.»

La famille a alerté la police, qui est arrivée, et on en est là lorsque je me présente. Galia refuse de sortir durant mon examen. Je la préviens:

«— Madame, un examen médicolégal n'est jamais beau à voir. Vous êtes sûre de vouloir rester?

— Je ne bougerai pas.

— Pas de problème. Et puisque vous êtes là, je vais vous expliquer tout ce que je fais et à quoi ça sert.»

Et me voilà à déshabiller son mari devant elle sans que ça la perturbe. Galia est une femme forte et décidée, j'aime bien. Elle n'a pas froid aux yeux. J'inspecte le corps sous toutes ses coutures, de la tête aux pieds et des pieds à la tête, sur les deux faces, comme d'habitude. Je me dispense toutefois de prendre la température rectale, étant donné que l'heure du décès est bien connue.

Je lui montre les traces des piqûres faites par les services de secours et celles du LUCAS, l'appareil que l'on place de part et d'autre du thorax et qui effectue le massage cardiaque. Le dossier médical m'est amené et je le lis avec Galia en lui expliquant les termes.

«— Donc, Docteur, il était bien mort quand ils ont cessé la réanimation.

— En effet. Malheureusement, ils étaient en train de chercher à réanimer un mort.

— Mais alors, pourquoi m'a-t-il serré la main?

— Décrivez-moi exactement ce que vous avez ressenti.»

En fait, Galia a ressenti une pression du pouce d'Anthony sur le dos de sa main.

«— Ce sont des fasciculations, les dernières contractions de certains muscles ou fibres musculaires. Vous savez, sur le plan médicolégal, la mort est un processus, pas un événement. Toutes les cellules ne meurent pas en même temps et il arrive même que certaines se manifestent encore. Les cellules musculaires, notamment, par des contractions de faible intensité, mais qui existent bien. C'est cela que vous avez ressenti.

— Je crois qu'il m'a dit adieu comme il pouvait.

— Je ne peux pas vous le confirmer, mais la médecine n'explique pas toujours tout, même si elle essaie.»

Je ne l'ai pas dit à Galia parce que cela ne se mettait pas, mais j'ai connu des cas d'asphyxie où le corps bougeait encore, dans des espèces de mouvements très lents de reptation durant facilement trente bonnes minutes.

Les pendus bandent une dernière fois

Voilà bien une croyance qui a la vie dure. Ici, il faut faire la différence entre la réalité et le fantasme. Je ne parle pas de ce fantasme qui consiste à se pendre pour se faire jouir. Il s'agit là d'un jeu sexuel qui peut se révéler meurtrier, comme je le décris dans un autre chapitre de ce livre.

La pendaison en guise de modalité d'exécution de la peine de mort était monnaie courante à d'autres époques, heureusement révolues. En pendaison, on peut mourir de trois manières.

La première manière est la compression du passage des gros vaisseaux (artères carotides et veines jugulaires) à hauteur du cou vers et au retour du cerveau, ce qui implique que le cerveau ne reçoit plus d'oxygène et que les neurones du cerveau meurent, entraînant ainsi le décès de la victime. On l'appelle anoxie (absence d'oxygène) cérébrale. C'est la modalité de pendaison la plus courante.

La deuxième manière de mourir est celle engendrée par une fracture de la colonne cervicale et une section de la moelle épinière par déplacement de la vertèbre fracturée. Cette pendaison est plus rare dans les suicides, mais plus fréquente en cas d'exécution. C'est ainsi qu'était pratiquée la pendaison dite «à l'anglaise»: le condamné était attaché à la poutre du gibet par une corde passée autour du cou et on lui fixait un poids aux pieds. Il était disposé au-dessus d'une trappe qui, en s'ouvrant, le faisait pendre et laissait tomber le sac qui exerçait un poids supplémentaire en traction sur l'axe du corps, de façon à fracturer la colonne cervicale qui, sous le poids, glissait sur elle-même et sectionnait la moelle, entraînant la mort.

Et enfin, la troisième manière est la compression des vaisseaux du cou en un point précis de l'artère carotide. À cet endroit du corps, il existe des capteurs sensibles à la pression. Lorsqu'ils sont comprimés, ils envoient un signal au cerveau pour dire : « Attention, la pression est trop élevée, c'est dangereux pour le cerveau ! » Le problème, c'est que ce message est faux : la pression sanguine n'a pas augmenté, c'est juste ces capteurs qui sont mécaniquement pressés. Mais eux ne font pas la différence. En réaction, le corps déclenche un réflexe : il fait brusquement baisser la tension artérielle et ralentit le cœur, comme pour se protéger. Or, cette réaction est inadaptée et peut aller jusqu'à provoquer l'arrêt du cœur. C'est ce qu'on appelle une mort « réflexe ».

> Les pendus pendent le plus souvent dans le vide, mais pas toujours. Certains se pendent assis ou dans d'autres positions de contact avec le sol ou certains objets. C'est surprenant mais possible, parce qu'il n'est pas nécessaire que tout le poids du corps s'exerce sur le cou pour interrompre le trafic sanguin. Une pression d'environ 15 kg est suffisante. Pour obtenir une telle pression, il n'est pas nécessaire que tout le poids du corps soit disponible. On peut donc se pendre assis, voire, dans certaines options un peu farfelues, couché. Quand une partie du corps touche le sol ou l'environnement, on parle de pendaison incomplète.

Jamais un pendu n'a été sujet à une érection. Ça ne s'explique même pas sur le plan physiologique. Par contre, si le pendu est laissé dans cette position, ce qui arrive souvent dans le cadre des pendaisons qu'on ne découvre pas rapidement, les caractéristiques de l'évolution *post-mortem* font leur œuvre et, notamment, les rigidités cadavériques. Elles apparaissent progressivement et s'étendent à l'ensemble du corps en quelques heures. Elles touchent également les muscles qui entourent les vésicules séminales, nos réserves de sperme, et les vident par contraction. Le sperme sort donc des vésicules séminales et remplit les canaux d'excrétion jusqu'à l'urètre pénien, un canal qui se trouve dans le pénis et qui permet l'excrétion de l'urine, mais aussi l'acheminement du sperme à l'extérieur du corps. Si le corps est relevé, le sperme coule à l'extérieur. Si le cadavre est couché, peu de chances que cela se voie, le sperme reste dans les canaux.

Voilà pourquoi un pendu « éjacule », mais ne bande pas.

« Sentir un cadavre exhumé fait mourir »

Cette croyance date du Moyen Âge et provient de la crainte d'ouvrir le cercueil d'un mort et de troubler son repos, ou de celle de ce que l'on va y trouver. J'ai exhumé plusieurs dizaines de corps. Comme tout le monde, je respire, y compris l'air qui sort des cercueils d'exhumation et je vais fort bien, merci de vous en soucier.

« Il est mort de chagrin »

Combien de fois n'a-t-on pas entendu qu'un mari ou une épouse est décédé(e) peu après son conjoint ? « Il ne lui a pas survécu longtemps. Il faut dire qu'il l'aimait tant... »

C'est une affection que l'on connaît bien en médecine et qui s'appelle le syndrome de Takotsubo ou « syndrome du cœur brisé », même si on ne le comprend pas encore très bien. Par contre, on en connaît une caractéristique essentielle : c'est la forme très particulière que prend le ventricule gauche, l'une des cavités cardiaques : il prend la forme d'un vase japonais ancestral, le *takotsubo*. Puisqu'il en prend la forme, il en a pris le nom.

Ce syndrome produit une symptomatologie proche de l'infarctus : essoufflement, douleur thoracique gauche en étau, palpitations, etc. Même si on n'en connaît pas clairement le mécanisme, il a été constaté que le cœur se met en état de sidération et présente la pathologie décrite.

C'est une pathologie qui touche plus les femmes que les hommes (9 à 1), âgées généralement entre 60 et 75 ans, stressées, pour lesquelles la mort du conjoint (ou un autre stress intense) est la goutte d'eau qui fait déborder le vase, en l'occurrence le *takotsubo*.

« Il est mort de rire »

L'histoire rapporte de nombreux cas de personnes mortes de rire. Même Cléopâtre a raconté que sa domestique serait morte de rire après avoir assisté à la mort de son mari. Une belle nature !

Quoi qu'il en soit, cela existe bel et bien et cela constitue une réalité médicale. Lors du rire, de nombreux muscles se contractent dans le visage comme les zygomatiques (les muscles du rire et du sourire), mais également le muscle principal de la respiration qui fait la frontière entre le thorax et l'abdomen : le diaphragme. Vient ensuite une phase de relâchement musculaire, y compris pour le cœur et les sphincters. C'est d'ailleurs pour cette raison qu'on peut se pisser dessus de rire.

Oui, on peut vraiment mourir de rire... mais pas n'importe qui ni n'importe comment. Certaines pathologies rares peuvent provoquer un rire incontrôlable et dangereux, comme l'épilepsie gélastique, qui déclenche des crises de fou rire, ou un infarctus du pont ou du bulbe rachidien, deux zones du cerveau dont l'atteinte peut provoquer un rire pathologique, presque hystérique.

En dehors de ces cas bien particuliers, un grand éclat de rire peut aussi, chez une personne fragilisée, déclencher un trouble du rythme cardiaque ou un infarctus, deux causes possibles de décès.

Eh oui, on peut mourir de rire… à condition d'y être prédisposé. Ce n'est donc pas donné à tout le monde.

Petits meurtres entre amoureux

Même s'ils n'ont pas complètement disparu, les empoisonnements ne sont plus guère à la mode. Pourtant, ils ont connu une large utilisation au cours de l'histoire de l'humanité. On se souvient d'Agrippine, épouse et nièce de l'empereur Claude, qui l'a fait assassiner en lui faisant manger des champignons vénéneux discrètement mélangés aux champignons comestibles dont il raffolait. Tout ça pour que son fils, Néron, issu d'une précédente union, accède au pouvoir suprême. Pour la petite histoire, son fils ne lui en a guère été reconnaissant, puisqu'il l'a fait assassiner à son tour, quelques années plus tard. Une histoire rocambolesque où, après avoir tenté de la noyer par naufrage, un officier romain lui a planté son glaive dans l'abdomen après qu'elle s'est exclamée : « Frappe au ventre », endroit d'où était issu son fils. On savait mourir, à l'époque.

On se souvient aussi de l'affaire des poisons qui, sous Louis XIV, a fait vaciller le trône de France lorsqu'il est apparu que la favorite du Roi, Madame de Montespan, qui lui avait déjà donné quelques beaux bâtards, lui faisait prendre des potions, des philtres d'amour destinés à lui conserver ses faveurs tandis que d'autres personnes de la cour se munissaient de poisons, essentiellement de l'arsenic, pour encourager certains décès.

L'année 1851 a sonné le glas de cette époque du poison triomphant lorsqu'un chimiste belge, Jean-Servais Stas, a découvert la première technique chimique permettant de mettre en évidence de façon formelle un premier poison, la nicotine. Tout le monde connaît la nicotine, cette substance issue des feuilles de tabac que l'on retrouve dans la cigarette. C'est la nicotine qui engendre la dépendance au tabac, mais elle est en outre un poison très puissant lorsqu'elle est concentrée. C'est ce poison qu'a utilisé un certain comte pour tuer son beau-frère, comme je l'ai raconté dans mon premier livre, *Les morts ont la parole*.

Après cette découverte, d'autres ont suivi qui ont signé la fin des empoisonnements. Aujourd'hui, plus aucun poison ne peut se cacher. Une technique a été mise au point dans les années 1940, la chromatographie, qui permet d'identifier tous les constituants d'un mélange comme le sang, l'urine ou le contenu de l'estomac, et de découvrir les poisons que d'aucuns aimeraient qu'on ne détecte jamais.

Tous les empoisonnements ont donc disparu? Certes non! J'en raconte quelques histoires dans le chapitre « Le complot des femmes » de mon premier livre, mais ils n'ont plus la faveur qu'ils avaient à l'époque où ils étaient strictement indétectables. C'était une technique de meurtre essentiellement féminine, parce que les poisons étaient souvent associés à la nourriture dans laquelle ils devenaient indétectables au goût. Aujourd'hui, le divorce et les avancées scientifiques en matière de détection des poisons ont certainement sauvé pas mal de maris.

C'est d'ailleurs une question qui m'est souvent posée: hommes et femmes ont-ils des manières différentes de tuer? Il y a plusieurs différences, en réalité, et la plus importante est sans nul doute que les femmes tuent beaucoup moins que les hommes. Je réponds souvent en boutade: « Les femmes sont bien plus intelligentes que les hommes. Elles ont compris que le divorce existe et qu'il n'est pas nécessaire de tuer son conjoint pour s'en séparer. Les hommes, eux, sont bien plus maladroits, ils tuent et laissent souvent des traces qu'un aveugle pourrait repérer. »

Le divorce. Il est de plus en plus facile à obtenir. Bientôt, on divorcera par Internet après qu'une intelligence artificielle nous aura simplement posé quelques questions.

∴

« Allô, Docteur? J'ai un presque-mort pour vous. » Philippe et Nathalie sont mariés depuis de nombreuses années. Philippe a connu plusieurs femmes avant Nathalie tandis que Nathalie a vécu une vie de célibataire endurcie jusqu'à sa rencontre avec Philippe. Pour ce dernier, ça a été le coup de foudre. Il s'est alors lancé dans une cour acharnée mais prudente et délicate, car il se rendait bien compte que Nathalie n'était pas comme les autres femmes. Elle était fort bien seule et n'avait jamais vu l'intérêt de s'encombrer d'un homme à la maison. Philippe allait donc devoir lui prouver qu'il présentait une valeur ajoutée. Il s'agissait plutôt d'assurer une présence non harcelante, tout en délicatesse, où montrer toute son utilité. Et c'était facile pour lui, un menuisier de premier plan, parce qu'il y a toujours quelque chose à faire dans une maison pour un homme doué de ses mains.

C'est Nathalie qui lui a donné le feu vert un jour de Saint-Valentin en lui remettant un mot dans lequel elle avouait tout son amour. Ils se sont mariés quelques années plus tard, en toute discrétion, et l'ont annoncé le jour même à leurs invités qui pensaient venir pour un anniversaire.

Mais le temps passe, inexorablement, et avec lui s'installe l'habitude, puis, pour ceux qui n'ont pas réussi à évoluer, l'ennui. Mieux vaut que les choses s'arrêtent là, sinon vient l'exaspération, puis le dégoût et, dans les pires cas, la haine. Et avec elle, parfois, l'envie de faire disparaître l'autre. Le divorce ? Pas toujours si facile. Il y a ceux qui ne veulent pas s'encombrer des difficultés qui l'accompagnent et ceux qui ne peuvent divorcer pour des raisons économiques. Plus rares sont ceux qui ne peuvent divorcer pour des motifs religieux ou philosophiques.

Nathalie et Philippe ne se supportent plus. Ils ne se parlent plus, s'évitent, font chambre à part, cuisinent chacun à leur tour.

Philippe est diabétique. Chaque jour, plusieurs fois, il mesure son taux de sucre dans le sang et s'injecte la dose d'insuline nécessaire pour le maintenir à l'équilibre. C'est un exercice périlleux, bien maîtrisé par l'expérience où il vaut mieux ne pas se tromper, car s'injecter une dose trop importante d'insuline peut être mortel. Et ça, Nathalie le sait.

Philippe dort dans le divan. Il y dort après chaque repas, mais, cette fois-ci, son sommeil est plus lourd que d'habitude. Nathalie y a veillé en mettant un somnifère dans le thermos à café qu'il se prépare chaque matin. Philippe dort dans le divan et Nathalie vérifie qu'il ne se réveillera pas de sitôt en lui pinçant la fesse. Pas de réaction. Il dort d'un sommeil profond, le somnifère a fait son effet.

Nathalie va dans le frigo où l'insuline est conservée, en remplit de pleines seringues aussi nombreuses que nécessaire pour vider le flacon. Elle place une aiguille au bout de la première seringue. Elle est prête, et elle est déterminée. Elle s'approche de Philippe qui est couché en chien de fusil, la fesse droite devant elle. Nathalie pique. Pas même un sourcillement ni un grognement. Absence totale de réaction. Elle injecte le contenu de la première seringue, laisse l'aiguille en place et y place une deuxième seringue : elle ne veut pas tenter le diable et risquer de réveiller Philippe à coups de piqûres. Et puis la trace d'une seule piqûre est plus difficile à identifier qu'une multitude, si Philippe devait être examiné par un médecin légiste.

Une fois le contenu de toutes les seringues injecté, Nathalie retire l'aiguille. Elle n'a plus qu'à attendre. « Ça devrait aller, avec une telle dose », pense-t-elle. Mais les minutes passent et Philippe respire toujours. Nathalie est énervée, inquiète. Elle rumine. À la réflexion, elle commence à culpabiliser, preuve qu'elle a une conscience et qu'il n'est pas si facile que ça d'accepter d'être un meurtrier. Pour Nathalie, ce n'est pas tant la peur d'être confondue que la capacité à accepter ce qu'elle a fait.

Trente minutes se sont écoulées. Nathalie se rue sur le téléphone et appelle les secours. Elle n'habite pas loin de l'hôpital et le Samu est rapidement sur place. Philippe est immédiatement resucré, ce qui signifie qu'on le perfuse avec une solution de glucose à forte concentration tandis qu'il est porté dans l'ambulance et conduit à l'hôpital.

« — Bonjour, Monsieur. Je suis le médecin légiste mandaté par le parquet pour vous examiner.

— Un médecin légiste ? Mais je ne suis pas mort !

Il est vrai que rencontrer un médecin légiste de son vivant peut paraître surprenant, mais cela arrive notamment dans des situations comme celle-ci. En fait, le médecin légiste fait le lien entre la médecine et le droit. Il est amené à intervenir dans toutes les situations où la justice a besoin de l'éclairage de la médecine pour se prononcer.

— En effet ! Mais vous avez bien failli.

— Les médecins me l'ont dit. Ma femme m'a injecté de l'insuline après m'avoir endormi. C'est incroyable. Pourquoi a-t-elle fait cela ?

— Le mieux est encore que vous le lui demandiez directement quand vous pourrez la voir. Pour le moment, elle est interrogée par le juge d'instruction.

— Ah bon ! C'est si grave ?

— Vous savez, cela s'appelle une tentative de meurtre, voire même d'assassinat, ce qui n'est pas banal.

— Qu'est-ce que je peux faire pour l'aider ?

— Je ne suis pas compétent pour vous répondre sur le plan judiciaire, ce n'est pas mon rayon, mais, sur le plan humain et si c'est votre état d'esprit, lui témoigner présence et affection.

— Oui, je veux qu'on la laisse en paix, elle n'est pas la seule fautive de ce qui arrive, c'est notre couple qui ne fonctionnait plus.

— Monsieur, si vous le permettez, je vais vous examiner, c'est pour ça que je suis là. Ma mission est de vérifier quelles sont les traces traumatiques visibles sur votre corps.

— Allez-y, Docteur. »

J'allume ma lampe frontale pour avoir un bon éclairage, j'enfile une paire de gants très fins, très différents des gants de vaisselle habituels que j'utilise pour examiner les cadavres. Je commence mon examen, peu habitué à ce que mon sujet bouge. Sur la fesse droite, une trace de piqûre hyper discrète.

En médecine légale, nous distinguons les lésions selon l'instrument qui a servi à les produire. Les aiguilles sont décrites comme des instruments piquants, car la seule lésion qu'elles produisent, c'est une perforation de la peau en créant un trou de taille et parfois de forme variable selon l'instrument utilisé. Dans le cas d'une aiguille, c'est une petite lésion, un petit trou dans la peau très discret, parfois très difficile à voir sans un bon éclairage, d'autant plus qu'il est parfois dissimulé dans la pilosité. Ma technique, pour débusquer un tel trou, est de passer ma main dans les poils contre leur sens, ce qui permet de dégager la peau et de voir. Ce geste, qui ressemble à une caresse, est toujours un peu spécial à voir pour le policier qui m'assiste. À chaque fois, je lui explique pourquoi je fais cela avant qu'il me prenne pour un pervers.

Ces lésions sont très importantes à rechercher et à visualiser. Une fois identifiées, selon les circonstances, elles peuvent nécessiter un prélèvement de la zone autour de la piqûre pour vérifier ce qui a été injecté.

Je poursuis mon examen et fais le tour du corps de Philippe. Aucune autre trace, ni de piqûre ni d'un quelconque traumatisme comme une strangulation, par exemple, ou un coup sur le crâne, ou des traces d'étouffement... Nathalie n'a, comme elle l'affirme, rien fait d'autre qu'injecter de l'insuline. Mais c'est déjà beaucoup trop. C'est une tentative d'assassinat. Nathalie devra être jugée en cour d'assises.

En attente du procès, Philippe lui rend visite à la prison tous les jours. Il multiplie les démarches pour sa libération et a même pris un avocat pour cela. Il téléphone toutes les semaines au juge d'instruction, au procureur. Au bout de quelques semaines, la justice libère Nathalie en attente de son passage devant le tribunal. Philippe sera son meilleur défenseur devant la justice. Finalement, Nathalie s'en tirera avec une peine mineure. Il sera tenu compte de sa prise de conscience qui a sauvé la vie de Philippe. Le parquet ne fera même pas appel.

Philippe et Nathalie reprennent la vie commune. C'est Nathalie qui lui prépare ses doses d'insuline...

∴

« Allô, Docteur? J'ai un mort pour vous. » Il n'y a pas que les aiguilles qui sont des instruments piquants. J'ai décrit dans mon premier livre, au chapitre « Basic Instinct », qu'un pic à glace en est un également.

Lamia est couchée sur le sol, une plaie à hauteur du thorax antérieur gauche, une plaie bien saignante qui laisse deviner que le cœur, situé juste en dessous, est touché. Je fais les premières constatations, vêtu des vêtements habituels de protection pour la scène de crime, puis je me retire et laisse travailler le labo. Mes prélèvements et mes mesures sont faits, plus rien ne me retient. Je reviendrai dans deux heures quand le labo aura fini. L'IML n'est pas loin; j'y retourne pour travailler à mes rapports en attendant de pouvoir travailler sur le corps.

Le moment venu, je suis de retour et je poursuis l'examen extérieur qui précède l'autopsie, à la recherche de lésions et d'indices utiles pour comprendre ce qui s'est passé. Lamia, une jeune fille de 25 ans, vivait seule ; son petit ami, Abdallah, habite un autre quartier de la ville. D'après les voisins, des cris ont été entendus en début de matinée. Ils n'ont pas été choqués, car Lamia se disputait souvent avec Abdallah. Selon eux, cela sentait d'ailleurs la rupture. Abdallah travaille chez un carrossier. Il ne s'est pas présenté à son travail. C'est mauvais signe. Abdallah est numéro 1 sur la liste des suspects et la police part à sa recherche.

La plaie est particulière. Elle est ovale, fait 1,5 cm de long sur 0,5 cm de largeur maximale en région médiane. Je n'ai encore jamais vu une telle forme de plaie dans ma jeune carrière de légiste. Il me reste beaucoup de choses à découvrir. Je suis en début de carrière. La plaie est entourée d'une zone légèrement abrasive, comme s'il y avait eu un frottement à sa périphérie. L'arme n'est évidemment plus en place, cela aurait été trop simple. Je déshabille le corps de Lamia sans identifier d'autre lésion. L'hypothèse de départ, vu les déclarations des voisins, est que le meurtre a été commis lors de la dispute dont ils ont entendu les éclats. C'est surprenant, car, vu l'absence d'autre lésion et notamment de lésions de défense, la dispute a dû connaître un paroxysme inattendu, un coup porté avec un instrument piquant en plein thorax antérieur gauche.

Je pars à la recherche d'un instrument qui aurait pu servir à produire cette lésion, d'abord dans le salon, où se trouve Lamia, puis dans la cuisine adjacente, puis dans la chambre à coucher, où le lit est défait des deux côtés, puis dans la salle de bain. Bref, je fais le tour de l'appartement sans rien trouver. Il est compliqué de chercher un objet sans savoir lequel, surtout si l'agresseur a pu l'emporter en quittant les lieux.

Le corps de Lamia est sur ma table tandis que la police cherche toujours Abdallah. Avec un de mes collègues, nous ouvrons l'autopsie par les incisions dorsales que nous suturons avant de retourner le corps. Une heure s'est déjà écoulée avant que nous puissions nous concentrer sur la face antérieure du corps. Nous ouvrons la boîte crânienne puis le tronc, qui m'intéresse particulièrement puisque c'est là que le coup fatal a été porté. C'est toujours un peu frustrant de ne pas pouvoir commencer tout de suite par l'endroit intéressant, mais il y a une procédure, une systématique à respecter pour être certain de ne rien rater, et je m'y astreins toujours scrupuleusement.

La plaie traverse l'espace entre la cinquième et la sixième côte gauche, près du sternum, pénètre le péricarde, l'enveloppe fibreuse qui entoure le cœur, et achève sa course en aveugle (sans en sortir) dans le ventricule gauche du cœur, l'une des quatre cavités cardiaques, celle à partir de laquelle le sang est chassé dans l'aorte et distribué à tout l'organisme. La plaie de pénétration cardiaque se trouve sur la paroi antérieure du ventricule gauche et a l'aspect d'une perforation. Ce n'est pas une plaie tranchante, c'est une plaie perforante. Le sang s'est écoulé massivement depuis cette plaie dans l'espace pleural[35]. J'y mesure 1,5 litre, bien assez pour provoquer le décès de Lamia, vu sa corpulence. Lamia est décédée, comme on s'en doutait, d'une hémorragie massive qui a déterminé une hypovolémie sanguine, c'est-à-dire un manque dramatique de sang circulant dans les vaisseaux pour assurer la survie.

Aucune autre lésion n'est mise en évidence, confirmant ce que j'ai relevé lors de l'examen extérieur réalisé sur place. Je termine de prendre mes notes quand Mylène, ma secrétaire, me contacte.

« — Ne pars pas, la police arrive, elle a trouvé un élément intéressant qu'elle veut te montrer.

— Ah bon. C'est quoi?

— On ne m'a pas dit. Attends.

— Bonjour, Docteur.

---

35 Espace entre le poumon et la paroi interne du thorax dans lequel le poumon est contenu.

Les policiers entrent dans la salle d'autopsie, un sac en papier à la main.

— Bonjour, Messieurs. Alors, dites-moi, c'est quoi votre élément intéressant?

— Ça fait longtemps que je n'étais plus venu, elle n'a pas changé, votre salle, me dit l'un des policiers.

Je trépigne.

— En effet. Alors, cet élément?

— Ah oui, l'élément. Eh bien voilà, on a fait une perquisition approfondie. Mon dieu, vous avez toujours la même balance!

Là, je me dis que je vais le frapper. Si lui a 2 de tension, moi, c'est plutôt 22.

— Oui, c'est la même depuis 1962, date de l'ouverture de cette salle. Dites, vous voulez ma mort ou quoi? Alors, c'est quoi votre élément?

— Comme je vous le disais, on a perquisitionné. Ça n'a pas été très long parce que c'est un petit appartement. Mon collègue a fait la chambre à coucher et moi la cuisine. J'ai toujours préféré fouiller les cuisines que les chambres à coucher, vous savez.

Je regarde mon collègue et les autres policiers, tous se marrent à voir ma tête.

— Oui, bon, et alors, qu'avez-vous trouvé?

— Il y a une bonne ambiance, dans votre salle d'autopsie. Pourtant, c'est pas marrant marrant, le métier que vous faites. Et vous aimez ça, vous, autopsier?

— Non, je déteste ça et je pense à me suicider tous les jours.

— C'est pas vrai!

Là, c'est toute la salle d'autopsie qui éclate de rire et moi aussi. Je m'assieds, résigné. Finalement, un enquêteur de la PJ intervient, prend le sac que tenait le policier et l'ouvre. Il en sort une paire de ciseaux.

— Oui, voilà, c'est ce que j'allais vous dire, j'ai trouvé une paire de ciseaux avec du sang dessus. Vous en pensez quoi?

— Le labo a déjà relevé les empreintes digitales?

— Oui, oui, c'est fait.»

Avec un tampon d'ouate imprégné de liquide physiologique, je prélève du sang sur la paire de ciseaux pour l'adresser au labo ADN et le comparer avec l'ADN de Lamia, puis je mesure la paire de ciseaux dans tous ses axes et dimensions.

Une paire de ciseaux est susceptible de laisser deux types de lésions selon la manière dont elle est utilisée, fermée ou ouverte.

Si elle est fermée, il s'agit d'un instrument piquant, car son extrémité est piquante tandis que ses bords ne sont pas tranchants, puisque, si la paire de ciseaux est fermée, elle n'est plus capable de produire une lésion. Si elle est ouverte, les extrémités piquantes et les bords tranchants permettent aux ciseaux de pénétrer comme un instrument dit « piquant-tranchant » en créant deux plaies, une par bord. Mais plus la paire de ciseaux pénètre loin, plus les bords des deux plaies se rapprochent pour finir par ne plus créer qu'une seule plaie. C'est la mesure de la lésion qui permet alors de savoir si la paire de ciseaux était fermée ou ouverte.

D'après la mesure prise en surface cutanée comparée à la mesure de la paire de ciseaux, celle-ci était fermée lors du coup porté au thorax de Lamia. Persiste la lésion légèrement abrasive qui entoure la plaie. Une seule solution : la paire de ciseaux a été enfoncée avec une certaine vitesse, ce qui a permis un frottement contre la peau suffisant pour créer une abrasion cutanée. Pour obtenir cette vitesse, il faut une belle force, car la paire de ciseaux fermée résiste à la pénétration.

J'en suis là dans mes réflexions lorsque j'apprends qu'Abdallah a été arrêté et que le juge me demande de passer l'examiner au Palais de justice.

Abdallah est en aveux. C'était la dispute de trop. Il n'a jamais porté de coups à Lamia avant ce matin mais, cette fois, il a perdu son calme. Une paire de ciseaux traînait sur la table du living. Il l'a saisie et en a frappé Lamia en pleine poitrine. Lamia est tombée à la renverse, dos contre le sol. De rage, Abdallah a frappé de son pied sur la paire de ciseaux qui s'est enfoncée dans le thorax. Tout correspond, Abdallah ne ment pas, il m'apporte même l'élément qui me manquait : le coup de talon dans la paire de ciseaux qui l'a fait pénétrer profondément et, par sa force, a frotté contre les bords de la plaie en créant cette légère abrasion.

Abdallah est en pleurs, il regrette… Deux vies sont brisées, sans compter celles des membres des deux familles.

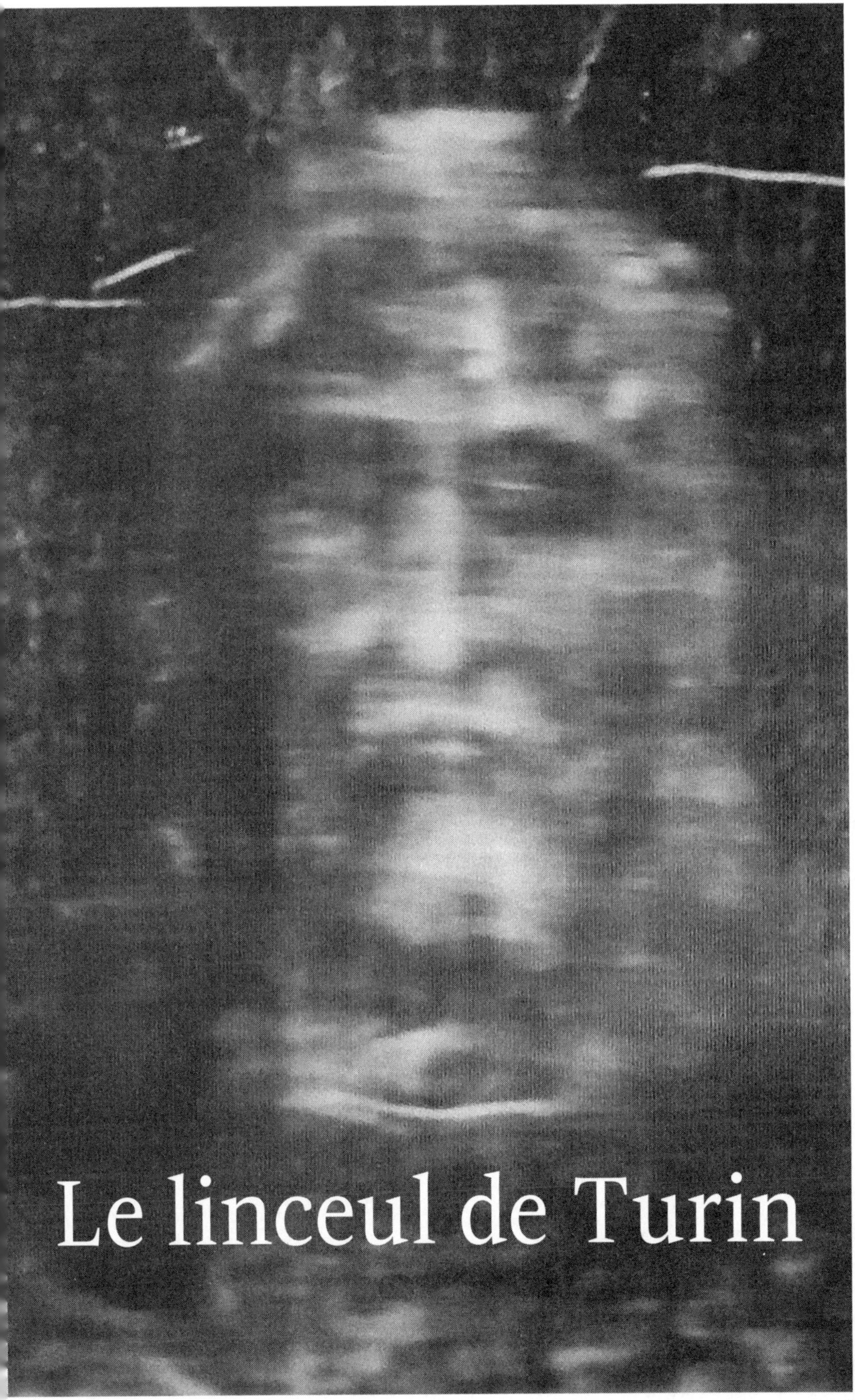
Le linceul de Turin

Le linceul de Turin, c'est une scène de crime secondaire. Ce n'est pas là que Jésus-Christ a été tué, mais c'est peut-être bien là qu'il a été déposé après sa mort. Pour certains, il s'agit d'un faux qui daterait du Moyen Âge, tandis que pour d'autres, il s'agit bien du linceul qui a enveloppé le corps du Christ après sa mort. Et c'est là qu'est toute la question : est-ce bien lui qui y a été placé ? Cette « scène de crime » date-t-elle de son époque ? Et surtout, l'élément central de l'énigme : cette image, puisqu'elle existe, comment est-elle apparue ?

C'est le tissu le plus connu au monde depuis la photographie qu'en a fait l'avocat Secondo Pia en 1898. Tout le monde en a entendu parler, sans nécessairement vraiment savoir de quoi il s'agit. Le linceul de Turin est une pièce en lin de 437 cm sur 111, tissée selon un motif « en arête de poisson », munie d'une bande latérale ajoutée. Connu depuis 1350, ce tissu présente les caractéristiques d'un ancien drap funéraire juif. On y distingue, de face et de dos, l'image d'un homme dont les traits correspondent à ceux du Christ après la Passion telle qu'elle est décrite dans les évangiles.

En 2001 est paru un livre, traduit de l'italien, *101 questions sur le Saint-Suaire*, écrit par Pierluigi Baima Bollone[36], spécialiste du linceul, professeur de médecine légale à l'Université de Turin dont il était le directeur de l'IML. Cela faisait longtemps que ce morceau de tissu, ce linceul m'attirait par son mystère. Il m'intri-

36 Pierluigi Baima Bollone, *101 questions sur le Saint-Suaire*, Saint-Maurice, Saint-Augustin, 2001.

guait. Dans son livre, Baima Bollone fait le point tant sur l'histoire du linceul que sur les recherches qui ont été effectuées à son sujet.

J'ai eu la chance de rencontrer Baima Bollone lors d'un congrès de la Société méditerranéenne de médecine légale à Palerme, en Sicile, en 2002. Il y présentait une communication sur l'évolution de la représentation du visage du Christ dans l'art byzantin à partir du Ve siècle. Selon lui, ce changement s'expliquerait par la connaissance du linceul, car le visage de Jésus tel qu'il est représenté depuis lors dans l'art byzantin correspondrait en plus de quinze points à celui visible sur le linceul. J'ai eu l'occasion d'échanger avec lui sur son livre et de le féliciter pour la neutralité qu'il avait su conserver tout au long de l'ouvrage, même si l'on perçoit qu'il croit au fait qu'il s'agit bien du linceul ayant enveloppé le corps du Christ au moment de sa mise au tombeau. J'ai également eu l'occasion de voir le linceul lors de l'ostension de 2010 et de visiter le musée qui lui est dédié, qui se trouve à quelques centaines de mètres de la cathédrale de Turin. Pour ou contre ? J'ai beaucoup lu sur le suaire d'Oviedo ainsi que sur la tunique d'Argenteuil, qui sont d'autres reliques réputées véritables de la Passion du Christ, mais n'ai jamais vu une telle polarisation. Une véritable... passion anime les défenseurs comme les opposants à l'idée que le linceul serait effectivement celui du Christ. Même les scientifiques s'écharpent. Qu'on en analyse les pollens (1973 et 1978), qu'on l'analyse au carbone 14 (1988) ou qu'on mette au point une nouvelle technique de datation, le WAXS (2022), les scientifiques se battent à coups d'arguments. Une vraie guérilla.

Il est vrai qu'il faut être prudent, vu l'important trafic de reliques et la crédulité mais aussi la cupidité des hommes, réalité concrète et incontournable. Ainsi, on a vu se vendre des cheveux, du lait et des larmes de la Vierge, des fragments de sa robe, des langes du Christ, des poils de la barbe de saint Pierre, une dent et le crâne de saint Jean-Baptiste, le prépuce du Christ en de nombreux exemplaires et des morceaux de la vraie croix. Mais aussi des suaires, au nombre d'une quarantaine aux XVIe et XVIIe siècles. Certains en bois peint, d'autres en tissu.

Depuis de nombreuses années, quand le programme m'en donne l'occasion, je présente le linceul à mes étudiants en criminologie. Les techniques scientifiques qui ont été utilisées sur le linceul sont très nombreuses; cela vaut dès lors la peine de les leur décrire et c'est une bonne occasion aussi d'aborder la question de la neutralité scientifique. Comme le disait Georges Lemaître, scientifique et prêtre catholique, inventeur de la théorie du Big Bang: « Quand je rentre au laboratoire, je laisse ma soutane au vestiaire. »

J'ai déjà eu l'occasion de traiter de la mort du Christ, dans un chapitre de mon deuxième livre qui a plu à de très nombreux lecteurs. J'y reviens en partie dans ce chapitre. Notons encore que le terme « suaire » est inapproprié pour désigner un linceul. Le suaire est un drap qui couvre le visage d'un défunt, tandis qu'un linceul est le drap dans lequel on l'ensevelit.

Pourquoi un linceul ?

En Palestine, à l'époque du Christ, la manière d'inhumer les défunts était un peu particulière. En effet, on ne les ensevelissait pas dans la terre comme la plupart des peuples ni ne les brûlait comme les Romains, mais on les déposait dans une cavité, une grotte creusée dans les parois calcaires qui entouraient Jérusalem. Le corps était déposé sur une structure en pierre, une forme de banquette taillée dans la roche, couché sur un linceul préalablement placé sur la roche, puis refermé en tournant autour de la tête du défunt et en revenant vers ses pieds. Ainsi, tout le corps était recouvert. Le défunt restait là durant une année, le temps nécessaire pour putréfier tout entier, ne laissant finalement que les os, lesquels étaient récupérés et placés dans un ossuaire laissé dans cette grotte devenue tombeau. La banquette débarrassée du corps, la place était libre pour le suivant.

L'histoire du linceul

L'histoire du linceul est aussi complexe que les études scientifiques qui ont porté dessus, et les historiens ne sont pas d'accord sur tout. Selon certains, le linceul aurait été retiré du tombeau du Christ après la disparition de son corps, que ce soit par résurrection ou par subtilisation. Le linceul aurait rejoint notre époque et serait aujourd'hui connu sous le nom de « linceul de Turin ».

Mais l'histoire mentionne également un autre morceau de tissu, vraisemblablement plus petit, le Mandylion, mot grec qui signifie « mouchoir », dont on n'est pas certain qu'il désigne le linceul de Turin. Selon Jean-Christian Petitfils[37], il s'agit bien de deux tissus distincts : on trouve la trace du Mandylion à Éphèse, où il arrive vers 387 et où il reste plusieurs siècles avant d'être acheminé à Constantinople, le 15 août 944 ; il y est associé à une collection de reliques dans laquelle on compte notamment la main droite de Jean-Baptiste moins le pouce (arrivée en 956), une fiole du sang du Christ (arrivée en 968), les sandales du Christ (arrivées en 974), la couronne d'épines (arrivée en 1063), et la liste n'est pas complète. Le Mandylion y reste au moins jusqu'à la prise de la ville par les croisés en 1204. À ce moment, il disparaît pour réapparaître en France, acheté par le roi Louis IX en 1247 et placé en la Sainte-Chapelle, ce monument fabuleux construit à Paris, à côté de la conciergerie et du Palais de justice, par Louis IX pour y abriter les reliques de la Passion. On y trouve également, outre la couronne d'épines et des fragments de la vraie croix, des langes de Jésus, du lait de la Vierge, le linge du lavement des pieds, le roseau remis à Jésus en guise de sceptre, l'éponge que lui a tendue le soldat romain sur la croix, un morceau de la lance qui a percé son côté.

---

37 Jean-Christian Petitfils, *Le Saint-Suaire de Turin, témoin de la passion de Jésus-Christ*, Paris, Tallandier, 2022.

C'est en 1348 que le linceul est remis à Geoffroy de Charny par le roi Philippe VI, qui désire honorer son porte-oriflamme, son chef d'armée.

Les historiens parlant mieux d'histoire que moi, je vous renvoie aux ouvrages de Ian Wilson[38], un historien britannique, de Barbara Frale[39], une historienne et archéologue italienne spécialisée dans les rites funéraires juifs de la Palestine du Ier siècle après Jésus-Christ, et de Jean-Christian Petitfils[40].

Néanmoins, une restauration récente (2002) a apporté beaucoup d'éléments nouveaux à l'histoire du linceul.

La première photographie

Le linceul est déjà connu et fait l'objet de pèlerinages lorsque, le 25 mai 1898, l'avocat turinois Secondo Pia en fait les premières photographies. Il est stupéfait du résultat. En technique photographique de l'époque, la photo apparaît d'abord en négatif puis doit faire l'objet d'un traitement chimique pour apparaître en positif. Dans le cas du linceul, nul besoin de positif: il est bien plus visible en négatif et c'est sous cet aspect que l'image est diffusée dans le monde entier.

Secondo Pia est plus que vilipendé par ses contemporains. Certains n'hésitent pas à l'accuser d'avoir faussé les résultats de sa photographie, à tel point qu'un chimiste français est spécialement mandaté pour se rendre à Turin, y vérifier les produits utilisés par Secondo Pia et mettre en évidence l'éventuelle supercherie. Il conclut qu'aucune tricherie n'a eu lieu, mais le mal est fait.

L'honneur de Pia est cependant entièrement rétabli lorsqu'en 1931, le photographe Giuseppe Enrie[41] prend de nouveaux clichés

---

38 Ian Wilson, *L'énigme du suaire*, Paris, Albin Michel, 2010.
39 Barbara Frale, *Le suaire de Jésus de Nazareth*, Paris, Bayard, 2009.
40 Jean-Christian Petitfils, *op. cit.*
41 Illustrations n°7 sur le verso de la jaquette.

du linceul qui montrent exactement les mêmes caractéristiques que les photographies de Secondo Pia. Heureusement, ce dernier est encore en vie et peut profiter, dans ses dernières années, du rétablissement de son honneur.

C'est grâce aux photographies de Giuseppe Enrie, et principalement à celle du visage, que la connaissance du linceul explose véritablement. Cette période marque également le début de l'étude scientifique du linceul et l'apparition de la sindonologie (étude du linceul), qui rassemble de nombreuses disciplines scientifiques allant de l'exégèse biblique à la chimie et à la physique en passant notamment par l'histoire et la médecine.

Les recherches en général

Les recherches sur le linceul débutent en 1969. Si Pierre Barbet, chirurgien en chef de l'hôpital Saint-Joseph de Paris, et Paul Vignon, biologiste, mènent des travaux très intéressants et novateurs sur le linceul, aucun d'eux ne l'approche physiquement. Vignon est présent lors de la séance de photographie de Giuseppe Enrie en 1931, tandis que Barbet l'aperçoit à plus d'un mètre lors de l'ostension de l'Année sainte de 1933, mais nulle trace d'une recherche accomplie directement sur le linceul de leur part.

Des recherches portant sur l'objet lui-même se font à partir de 1969. Et en 1978 est constitué le STURP (Shrould of Turin Research Project), une association de scientifiques issus de différentes origines, domaines et croyances destinée à étudier le linceul.

Baima Bollone[42], dont nous avons déjà parlé, décrit les trois types de chercheurs qui travaillent sur le linceul : ceux qui pensent que le linceul n'est pas authentique ; ceux qui pensent

42 Pierluigi Baima Bollone, *op. cit.*

que le linceul prouve un événement miraculeux ; ceux qui pensent que le linceul est le drap mortuaire du Christ et que l'image a été engendrée par un phénomène non encore éclairci. J'ajoute, pour ma part : ceux qui pensent qu'un homme tué de la même manière que le Christ, si ce n'est lui, a séjourné dans ce drap, y produisant une image selon un mécanisme qui n'a pas encore été éclairci.

Le tissage

Le tissage a été très largement expertisé et décrit, en particulier dans l'ouvrage de Barbara Frale[43]. Il s'agit d'un tissage en forme d'arête de poisson, bien connu à cette époque, réalisé sur un métier à tisser sur lequel seules des fibres végétales ont été utilisées, conformément à la coutume juive.

C'est le professeur Gilbert Raes, de l'Institut de technologie textile de Gand, qui a mis en évidence, parmi les fibres du linceul, la présence de fibres d'un coton qui ne pousse pas en Europe, mais uniquement au Proche-Orient. Ainsi, le linceul aurait été tissé au Proche-Orient.

Des pollens et des fleurs

En 1973 et en 1978, Max Frei, biologiste et criminologue zurichois, prélève des grains de pollen présents sur le linceul par apposition de bandelettes collantes sur le tissu, sans toucher à l'image, bien entendu. L'idée de cette collecte est de préciser par quels endroits le linceul est passé en déterminant de quelles régions proviennent les grains de pollen qui s'y sont déposés. Afin de compléter sa connaissance des pollens de la région, le chercheur se rend plusieurs fois en Palestine. Malheureusement, il décède en 1983 sans avoir pu véritablement finaliser son travail,

43 Barbara Frale, *op. cit.*

qui, de plus, fera l'objet de critiques, notamment à l'égard de son manque de méthodologie.

Son étude révèle la présence de 58 pollens différents, dont 17 proviennent d'espèces européennes. Les 41 autres ne sont pas d'origine européenne, et parmi eux, 38 sont typiques de la Judée et de la région de la mer Morte. Il décrit en particulier trois types de plantes qui n'existent que dans la région de Jérusalem, dans la vallée du Jourdain et dans le Sinaï : *Cistus creticus*, *Gundelia tournefortii* et *Zygophyllum dumosum*.

En 1997, Uri Baruch et Avinoam Danin[44], professeurs de botanique à l'Université de Jérusalem, reprennent l'étude de Frei et confirment la présence sur le linceul de plantes typiques et spécifiques des bords de la Méditerranée.

Du sang

De nombreux chercheurs se sont penchés sur les traces de sang présentes sur le linceul. On y distingue en effet des traces de sang *ante-mortem* et d'autres *post-mortem*. C'est à Pierluigi Baima Bollone que l'on doit les études qui ont permis de démontrer qu'il s'agit de sang humain du groupe AB. D'autres recherches ont montré, grâce à la micro-spectrophotométrie, la présence de porphyrine comme en contient l'hémoglobine, mais également de bilirubine en grande quantité, qui est un signe, notamment, d'un traumatisme important susceptible de causer la dégradation des globules rouges. L'étude par ultraviolets a permis de montrer qu'il n'y a pas d'image sous les taches de sang. L'image s'est donc formée après le dépôt de sang, ce que l'on pouvait raisonnablement attendre.

Une question demeure cependant : comment la toile du linceul ne s'est-elle pas déchirée au moment où on l'a décollée du

44 A. Danin, A.D. Whanger, U. Baruch et M. Whanger, *Flora of the Shroud of Turin*, Saint-Louis, Missouri Botanical Garden Press, 1999.

cadavre? À l'heure actuelle, on se perd en conjectures. Par contre, une question qui faisait débat il y a quelques années semble avoir trouvé une solution : comment se fait-il que les taches de sang *ante-mortem* sont restées aussi rouges ? En effet, le sang finit par virer au brun avec le temps. Des chercheurs ont montré que le lin a été traité avec de l'amidon à une époque inconnue, ayant pour effet de rendre le sang rouge.

De l'ADN

De l'ADN complet est présent en ordre dispersé sur le linceul. De l'ADN d'hommes et de femmes, ce qui n'est pas illogique vu le grand nombre de personnes qui, à travers le temps, ont approché, touché, embrassé, manipulé le linceul. Il est logique que leur ADN pollue le linceul ; c'est pour éviter ce genre de situation que nous sommes affublés d'une combinaison, d'un masque, d'un bonnet, de gants et d'*overshoes* sur une scène de crime.

À hauteur des traces sanguines également, de l'ADN a été prélevé, mais il s'est avéré terriblement détruit.

On n'est pas près de cloner l'homme du suaire, comme le propose Didier van Cauwelaert dans ses ouvrages *L'Évangile de Jimmy* et *Cloner le Christ*.

De la terre

De la terre a été identifiée sur l'image à hauteur du nez, du genou gauche et des talons. Les études ont montré que cette terre contenait de l'aragonite, un minéral composé de carbonate calcique contenant des traces de strontium et de fer dans les mêmes proportions que la terre présente dans les tombes antiques de Jérusalem, les mêmes tombes que celle où le Christ a été déposé après sa mort et qui dateraient de la même époque.

Il est certain que ces caractéristiques ne sont pas uniques et peuvent se retrouver ailleurs, mais c'est un indice intéressant.

L'image

S'il y a bien un aspect de l'étude du linceul qui a fait couler de l'encre, c'est celui-là: comment cette image a-t-elle pu apparaître? Et pour compliquer les choses, celle-ci est comme une projection orthogonale, c'est-à-dire perpendiculaire au tissu sans dispersion latérale.

En toutes choses, il faut y aller pas à pas, sans idée préconçue, pour tenter de comprendre. D'abord, observer avec ses yeux ce qui est accessible. Ainsi, au bord du tissu principal est ajoutée une bande, aussi longue que le linceul et large de 7 à 8 cm. C'est au bord de cette bande que du tissu a été prélevé pour l'étude au carbone 14. La restauration de 2002 a permis de vérifier que cette bande présente une couture faite de points piqués visibles seulement en partie postérieure, dont la technique était inconnue au Moyen Âge mais pas à l'époque du Christ. Ensuite, le tissu a été fort altéré en divers endroits par deux incendies, l'un en 1532 alors que le linceul était conservé dans la chapelle du château des ducs de Savoie à Chambéry, et l'autre à une date inconnue mais antérieure.

Dans la nuit du 3 au 4 décembre 1532, un incendie ravage la chapelle du château des ducs de Savoie, où est conservé le linceul. Des hommes courageux bravent les flammes pour en extraire le coffre d'argent qui le renferme. Mais le linceul fume déjà : il a commencé à se consumer.

Plié en 48 sections, seuls ses bords sont atteints par le feu. Les bandes latérales, dues au pliage en longueur, sont roussies, et un coin, résultant du pliage en largeur, brûle partiellement. L'image centrale, elle, reste intacte. Aujourd'hui encore, les lignes roussies visibles sur le tissu et les petits trous en forme de triangle témoignent de cet épisode dramatique et du pliage que présentait le linceul au moment de l'incendie.

D'autres marques, comme des brûlures en forme de « L », sont également visibles. Leur origine reste inconnue, mais elles sont antérieures à l'incendie de 1532.

Le linceul a aussi échappé de peu à un autre sinistre : dans la nuit du 11 au 12 avril 1997, la chapelle Guarini, attenante à la cathédrale de Turin où le linceul est exposé, prend feu. Heureusement, les pompiers parviennent à le sauver à temps, avant qu'il subisse des dommages.

Depuis 2000, le linceul est conservé dans un caisson blindé qui permet sa conservation à plat dans un mélange de 0,5 % d'oxygène et 99,5 % d'argon, à hygrométrie et température constantes, à basse pression. Ce caisson et sa vitre de 6 cm d'épaisseur sont destinés à résister à toutes les agressions, dont l'incendie et l'attentat. Il n'en sort jamais et est visible à travers sa vitre de protection.

Enfin, signalons que la face postérieure du linceul n'a pas été visible pendant des siècles. Elle était dissimulée par une toile de Hollande, cousue au dos par des religieuses clarisses en 1534 afin de renforcer le tissu. Ce n'est qu'à l'occasion de la restauration de 2002 que cette face postérieure a été dévoilée pour la première fois depuis le XVIe siècle.

Au fil du temps et des études, plusieurs choses ont pu être mises en évidence et confirmées. Ainsi, des scientifiques français et de la NASA ont mis en évidence qu'il s'agit d'une image tridimensionnelle, qu'ils ont reproduite en 1974 et en 1976. Plusieurs techniques ont été utilisées, comme celle de la fluorescence à la lumière de Wood qui utilise la lumière ultraviolette. Elle a permis de voir, sur l'ensemble du linceul, un flou rosâtre provenant de l'incendie de 1532. De nombreux tests ont démontré qu'il ne s'y trouve ni pigments ni colorants. En fait, on se perd en conjectures quant à la façon dont l'image a pu apparaître. De nombreuses hypothèses, parfois farfelues, tentent de donner une explication, sans succès. Des *fake news* ont également circulé au sujet du linceul. Un petit comique a imaginé que Léonard de Vinci en était en fait l'auteur, faisant de toute l'affaire une supercherie. Il faut savoir que le linceul est connu depuis 1348 tandis que Léonard est né en 1452, ce qui fait que cette histoire ne tient pas. Un autre lascar a imaginé que le corps déposé dans le linceul était celui de Jacques de Molay, dernier grand maître de l'ordre du Temple, exécuté par le roi Philippe IV le Bel le 11 mars 1314, à Paris, sur l'île aux Juifs[45]. On se souvient que le corps placé dans le linceul était celui d'un homme mort. Jacques de Molay a été brûlé vif, il n'en serait resté que des fragments osseux. Aucune chance que ce soit lui, dès lors !

Une image en relief

Cette image a été rendue possible grâce à la NASA, qui a utilisé en 1976 un analyseur d'images appelé VP8. Ce dernier n'a pas travaillé directement sur le linceul – ce n'était pas envisageable –, mais sur les clichés pris par Giuseppe Enrie en 1931. C'est ainsi qu'ont été obtenues les premières images en 3D du linceul.

Des écritures fantômes

En 1978, des chercheurs examinant des photos prises en 1969 ont découvert le long du visage des caractères latins et grecs invisibles à l'œil nu, rapportés ainsi par Barbara Frale : « Jésus de Nazareth, trouvé coupable de soulever le peuple. Mis à mort dans la seizième année du règne de Tibère [an 30 de notre ère]. A été déposé à la neuvième heure... » Il semble que la chercheuse soit allée un peu loin dans l'interprétation de ce qu'elle a cru lire, car on pense aujourd'hui que le Christ est mort le 3 avril 33 et non le 7 avril 30.

Des pièces sur les yeux

C'est grâce à l'appareil de la NASA déjà décrit, le VP8, que des chercheurs ont mis en évidence la présence d'une pièce de

---

45 Ce lieu d'exécution est encore visible aujourd'hui à Paris, derrière la statue équestre d'Henry IV, sur l'île de la Cité.

monnaie sur l'œil gauche et d'une autre sur l'œil droit, deux leptons, la plus petite pièce en circulation à l'époque du Christ, qui portent, à leur surface, des inscriptions. Les chercheurs pensent avoir déchiffré « Tiberou Kaicaros », soit « Tibère César », et « LIS », qui indique que ces leptons ont été frappés la sixième année de son règne, soit en 29-30. D'autres recherches, nombreuses, notamment réalisées par Baima Bollone, ont confirmé l'existence de ces pièces de monnaie et des éléments d'écriture qu'elles présentent.

Les tentatives de datation

Préambule

Divers auteurs ont souligné qu'à partir du Ve siècle, le visage du Christ évolue dans l'art. Jusqu'alors, le Christ était généralement présenté avec un visage romain, rasé et jeune. À partir du Ve siècle, selon Vignon[46] notamment, on tend à le représenter en concordance avec le visage du linceul sur quinze points : la mèche sur le front, une forme particulière entre les sourcils, une barbe à deux pointes, un visage allongé, une ride en travers de la gorge, etc. En 691, l'empereur Justinien II fait frapper des pièces de monnaie qui portent l'effigie du Christ, laquelle présente d'importantes similitudes avec le visage du linceul.

Le codex de Pray (du nom de son dernier propriétaire, György Pray, jésuite érudit du XVIIIe siècle), qui date de la fin du XIIe siècle, présente des enluminures plus anciennes, dont deux sont intéressantes : l'une montre la mise au tombeau et l'onction ; le Christ a quatre doigts visibles, comme sur le linceul. L'autre dépeint l'ange annonçant que le Christ est ressuscité, montrant les linges vides. Le linceul y présente deux caractéris-

---

46 Paul Vignon, *Le Saint-Suaire de Turin devant la science, l'archéologie, l'histoire, l'iconographie, la logique*, Paris, Masson, p. 115-122.

tiques majeures de celui de Turin : un tissage en arête de poisson et les fameuses brûlures en forme de « L », aisément identifiables.

Le carbone 14

Le carbone 14 est un isotope du carbone qui comprend deux neutrons de plus que la forme originale du carbone[47]. Au cours du temps, l'un de ces neutrons excédentaire se transforme en proton, ce qui engendre une modification de la nature de l'atome : six protons, c'est un atome de carbone, sept protons, c'est un atome d'azote. Le carbone 14 est donc instable et se transforme en azote très lentement au cours du temps (il faut environ 5 730 ans pour que la moitié du carbone 14 présent dans un corps se transforme en azote, soit 1 % de la quantité initiale en 83 ans), le tout en émettant une radiation nucléaire mesurable.

Le taux de carbone 14, ainsi que le pose la théorie, est constant dans la matière aussi longtemps qu'elle est vivante, c'est-à-dire qu'elle échange avec l'environnement. Par contre, dès qu'elle cesse d'échanger, soit, dans le cas qui nous occupe, quand le lin est coupé, le taux n'est plus constant puisqu'il n'est plus renouvelé par les échanges avec le milieu ; il se met donc à chuter, lentement, très lentement.

Cette technique, inventée par Sir Libby en 1947, a connu de nombreux déboires, notamment parce que le flux de rayons cosmiques, qui influencent le taux de carbone 14, n'est pas constant au cours du temps, contrairement à ce que veut l'hypothèse sur laquelle la méthode est fondée. D'autre part, l'expérience montre que des écarts de plusieurs centaines d'années ont pu être observés entre la réalité objective et la mesure permise par cette technique ; ainsi, les bandelettes d'une momie ont été estimées mille ans plus jeunes que la momie. Prudent, Libby a

47 Le carbone contient six protons et six neutrons dans son noyau. Un isotope est le même atome qui comprend, dans son noyau, le même nombre de protons mais pas le même nombre de neutrons.

précisé que sa technique ne pouvait être utilisée pour l'analyse d'un tissu ayant été exposé à un incendie, à la fumée des cierges ou au toucher, notamment.

L'expérience a néanmoins été tentée. Trois laboratoires réputés, installés à Oxford, en Arizona et à Zurich, ont été choisis pour la mener. Il s'agissait de prélever une partie du linceul, d'en distribuer un morceau à chacun des trois laboratoires, de même qu'un morceau de lin datant du XII-XIIIe siècle (soit la période d'apparition du linceul en Europe) et un échantillon de lin datant de l'époque du Christ afin de vérifier si le taux de carbone 14 du linceul le rapprochait plutôt de l'Antiquité ou plutôt du Moyen Âge. Mais dès le départ, des « aléas » déconcertants sont apparus. La liste n'est pas exhaustive mais, au premier chef, le prélèvement a été réalisé dans une zone déconseillée par le STURP à cause de la proximité avec une zone de rapiéçage. Au deuxième chef, il existe de grandes divergences entre les laboratoires quant à la taille et au poids de la zone prélevée, mais aussi quant à son traitement. En troisième chef, les échantillons auraient dû être anonymisés, ce qui signifie que l'expérience aurait dû se faire à l'aveugle, ce qui n'a pas été le cas, chaque prélèvement étant clairement identifié.

En 1988, ces trois laboratoires ont annoncé leurs résultats lors d'une conférence de presse au British Museum ; une fourchette de dates en l'espèce : 1260-1390. Mais en 1990, des chercheurs ont affirmé que l'incendie de 1532 avait apporté 40 % de carbone 14 en plus sur le linceul, provoquant un « rajeunissement » non négligeable ; en 1996, le professeur Gove a mentionné une contamination du linceul par des bioplastiques secrétés par une bactérie ; en 2002, un groupe de chercheurs a déterminé que le linceul avait pu être conservé, avant son arrivée à Édesse au IVe siècle, dans une jarre contenant un fond d'eau croupie ; en 2003 et en 2008, des chercheurs ont trouvé des fibres de coton étroitement mélangées avec les fibres de lin du linceul, faisant penser à une réparation. Tous ces éléments, dont la liste n'est pas exhaustive, sont de nature à invalider les résultats. Bref, on n'est pas rendus.

WAXS

En 2022, une nouvelle méthode a vu le jour à l'institut de cristallographie du Conseil national de la recherche à Bari afin de dater le lin. Cette méthode porte le nom de WAXS, pour « Wide Angle X-Ray Scattering »[48]. Elle est encore expérimentale et a été appliquée au linceul.

Elle permet de déterminer l'âge du lin en mesurant le degré de cellulose restant au moyen des rayons X, lesquels permettent de mesurer la densité d'un objet, en l'occurrence du lin, et donc d'en évaluer le vieillissement. L'étude a été publiée le 11 avril 2022 dans la revue *Heritage* et fixe l'apparition du linceul au Ier siècle de notre ère.

Sur la table du légiste

Selon les anthropologues, l'image présente sur le linceul est celle d'un homme. Cela semble évident vu l'absence de seins, la présence d'une barbe et une morphologie plutôt musclée.

Cet homme mesurerait entre 178 et 181 cm. L'imprécision provient du fait que la tête est fléchie vers l'avant, de même que les genoux. Son poids est évalué à 77-79 kg. Il s'agit là d'une extrapolation au départ de la taille. Le corps paraît solidement bâti, avec des muscles saillants. Aucun signe de maigreur ni d'obésité. Enfin, l'âge de l'homme est estimé aux alentours de 35 ans. Cette évaluation est la plus difficile à réaliser et la plus sujette à interprétation, donc à caution. Il faut savoir que les 33 ans qui sont traditionnellement attribués au Christ au moment de sa mort sont un âge plus symbolique que réel. Les chercheurs ont

---

48 Ou « diffusion des rayons X aux larges angles ».

récemment établi que le Christ serait né durant les dernières années du règne d'Hérode, soit avant -4, sans doute plus précisément en -6 ou -7, et serait décédé le 3 avril 33, comme on l'a vu plus haut. Il était donc âgé de 39 à 40 ans au moment de son décès.

Pour faire le recensement des lésions, il faut observer l'image en négatif photographique[49], ce qui correspond à un positif en réalité. Le négatif photographique se trouve ainsi en version inversée du positif, ce qui donne une image comme dans un miroir. Mais il faut se souvenir que le positif photographique[50] est l'image en miroir de l'homme du linceul. Le négatif photographique représente donc le corps tel que déposé dans le linceul.

Petite précision utile : par convention, quand on parle de la gauche ou de la droite d'un corps, c'est celle du point de vue du corps examiné, pas celle de l'observateur. Ainsi, le cœur est à gauche, dans tous les cas. Ultime précision : j'ai choisi d'appeler le personnage que présente l'image « l'homme du linceul », non par dérision ou par manque de respect, mais par souci de neutralité.

Il est en rigidité cadavérique

L'homme représenté sur le linceul a la tête penchée vers l'avant et les genoux repliés. Cela masque son cou, ce qui donne à sa nuque une apparence anormalement allongée. Cette position du corps n'est pas artificielle mais est due à la rigidité cadavérique, un état qui se développe après la mort et qui en est l'un des signes.

Directement après le décès, le corps est flasque puis devient peu à peu rigide par suite de contractions musculaires isométriques (sans modification des volumes) qui touchent l'ensemble des muscles du corps en même temps. Bien sûr, les petits groupes musculaires sont plus vite rigides que les autres, ce qui permet

49 Illustration n°7 sur le verso de la jaquette.
50 Illustration n°7 sur le verso de la jaquette.

de voir apparaître les premiers signes évidents de rigidité à la mâchoire, siège de muscles de petite taille. Ainsi, la séquence de rigidification d'un corps est la suivante : mâchoire, muscles faciaux, nuque puis membres. Le corps est entièrement rigide en six à douze heures puis redevient flasque en dix-huit à trente-six heures, selon la même séquence que celle d'apparition de la rigidité.

Il est connu que l'exercice musculaire hâte la survenue des rigidités pour des raisons biochimiques ; on rencontre également ce phénomène dans les décès par asphyxie posturale, modalité de décès des crucifiés. Si le corps est rigide, la putréfaction, qui s'installe après la disparition des rigidités, n'est pas encore survenue : elle aurait entraîné des conséquences visibles sur le linceul.

Ces observations amènent deux conclusions : l'homme du linceul est bel et bien mort, puisqu'il est en état de rigidité cadavérique, et il a été retiré du linceul avant que la putréfaction fasse son œuvre.

Le crâne

Tant en face antérieure qu'en face postérieure, on relève des hémorragies punctiformes, c'est-à-dire dont la source est une petite plaie cutanée de la forme d'un point. Divers auteurs s'accordent pour en relever treize en antérieur, front compris, et vingt en postérieur. Par ces différentes plaies, le sang a coulé et a imprégné les cheveux. On en voit d'ailleurs de nombreuses coulées, des deux côtés. L'abondance de sang permet de certifier que l'instrument à l'origine des lésions et donc de l'écoulement sanguin est resté en place, sinon le sang aurait tari par coagulation de la plaie et n'aurait donc pas été si abondant. L'aspect punctiforme des lésions est compatible avec le port de la couronne d'épines.

Le front

Sur le front, en paramédian gauche, on voit vers le bas un écoulement sanguin issu d'une lésion punctiforme, comme au crâne, qui a dessiné la lettre grecque ε (epsilon). Ce dessin provient du fait que l'écoulement a été bloqué à deux reprises par les rides frontales.

Le visage

L'examen du visage montre qu'il a reçu de nombreux coups. Ainsi, on note une tuméfaction des deux sourcils, une ecchymose sous l'œil droit, une blessure triangulaire sur la joue droite, une tuméfaction de la joue gauche, une contusion du menton, voire un possible arrachage de la partie centrale de la barbe.

Le thorax, le dos et les membres inférieurs

Le thorax, le dos et les faces postérieures des membres inférieurs sont zébrés de coups de fouet.

Le fouet utilisé à l'époque romaine, appelé flagrum taxilatum, qui, les deux lanières étendues, mesure 1,2 mètre, présente un manche court et porte des haltères en métal constitués d'une barre centrale reliant deux petites billes en plomb placées au bout des lanières. Les auteurs de l'étude du linceul ont dénombré pas moins de 120 lésions. Si les fouets sont effectivement composés de deux lanières, cela veut dire que 60 coups ont été portés.

Autre constat : les tortionnaires étaient à deux pour frapper, un de chaque côté. Les coups qui partent de gauche donnent une irradiation, un peu comme un éventail, avec une dispersion oblique vers le haut et la droite en partie haute du thorax et de l'épaule droite, puis horizontale à hauteur de la région lombaire et des fesses puis oblique vers le bas et la droite sur les jambes. Il en va de même pour les coups venant de droite. Il y a cependant une nuance : quand on regarde l'inclinaison de ces axes et qu'on les compare, on constate que, en partie haute du dos, l'axe de celui qui se trouvait à droite est plus vertical que l'axe de celui qui se trouvait à gauche, ce qui implique que le bourreau qui se trouvait à droite était plus petit que le bourreau de gauche. D'ailleurs, celui de gauche s'est plus acharné sur les jambes, plus accessibles pour lui que les épaules.

J'ai beaucoup lu sur les pertes de sang, notamment suite à une flagellation, ce qui m'a permis de me rendre compte que les représentations cinématographiques s'écartent largement de la réalité. Ainsi, *La Passion du Christ* de Mel Gibson (2004) présente des erreurs médicolégales énormes. La peau est tellement déchirée que s'en échappe une quantité de sang telle que le supplicié ne pouvait que mourir sur le lieu de sa flagellation.

Il faut savoir qu'un adulte de 70 kg a un volume sanguin estimé entre 4,9 et 5,6 litres. La perte de 1,5 litre engendre en général une perte de conscience, et celle de 2 litres le décès.

Les traces de clous

Depuis qu'elle n'est plus pratiquée, on a eu largement le temps d'oublier comme se faisait une crucifixion. Ce qui n'est pas plus mal.

La crucifixion est arrivée à Rome lors de la deuxième guerre punique (219-201 av. J.-C.) via les Carthaginois, qui l'ont apprise des Phéniciens qui l'ont eux-mêmes apprise des Mésopotamiens.

Deux traces de clou bien carrées sont visibles sur le linceul au niveau du dos des poignets. Et pas au dos des paumes!

Dans mon livre *Entretien avec un cadavre*, je parle de la mort du Christ. J'écris:

« Quoi qu'il en soit, ce supplice était plutôt banal à l'époque de la conquête romaine et donc à l'époque du Christ, dont le pays était alors occupé par les Romains, lesquels en avaient une belle habitude, comme le démontre notamment la crucifixion d'environ 6 000 esclaves lors de la révolte de Spartacus, la troisième guerre servile, entre 73 et 71 av. J.-C.

Considérant cela, jamais ils n'auraient fait l'erreur de planter les clous dans la paume des mains. La paume ne contient aucune structure qui permette de fixer adéquatement le clou. En clair, sous le poids du corps, le clou déchirerait la paume de la main et le supplicié tomberait purement et simplement de la croix. Avec un peu de malchance, il présenterait un sérieux traumatisme crânien en effectuant une rotation autour de l'axe des pieds. C'est un médecin, le docteur Barbet, qui l'a démontré en crucifiant des cadavres de la morgue de l'hôpital Saint-Joseph à Paris dans les années 1950[51]. Tous se sont décrochés de la croix sous le poids du corps. [Faites ça aujourd'hui et vous êtes mûr pour un passage devant le juge.]
Les Romains plantaient les clous dans les poignets, qui sont constitués de deux rangées de petits os liés entre eux par un système très complexe de ligaments hyperrésistants. Nous appelons cette région du poignet le carpe ; les clous étaient plantés plus précisément dans un espace que l'on nomme "espace de Destot", du nom du radiologue et anatomiste Étienne Destot (1864-1918), qui le décrivit le premier. À cet endroit, les clous peuvent endommager des nerfs du poignet tels que le nerf ulnaire ou le nerf médian, supprimant les actions possibles de ces nerfs, c'est-à-dire certains mouvements des doigts.
Regardez les crucifix : il est rare d'un trouver un qui ait les clous plantés dans les poignets du supplicié, contrairement à ce que l'on voit sur le linceul de Turin. »

Certains auteurs ergotent en disant que le clou semble plus à gauche ou plus à droite, que cela ne correspond pas. Ils n'ont pas bien saisi le propos : l'espace de Destot est le seul passage possible pour le clou. S'ils estiment que la trace du clou n'est pas au bon

51 P. Barbet, *La passion de N.-S. Jésus-Christ selon le chirurgien*, Dillen & Cie, 1950.

endroit, ce n'est pas la technique qu'il faut remettre en cause. Il va falloir qu'ils réfléchissent autrement.

Enfin, on lit sous la plume de Barbet que le fait que le pouce ne soit pas visible est engendré par la section du nerf médian à hauteur du poignet suite au passage du clou. Le nerf médian intervient, notamment, dans la flexion du pouce, ce qui signifie que lorsque le nerf médian est sectionné, la motricité du pouce en flexion a disparu, ce qui est physiologiquement incompatible avec l'affirmation du scientifique. En fait, nul besoin d'une explication aussi complexe : le pouce est un doigt d'opposition, c'est-à-dire qu'il est capable de se mettre face aux autres doigts, ce qui nous permet de saisir des objets. La position de repos du pouce est, tout simplement, l'opposition, ce qui fait qu'on ne le voit pas sur l'image.

Quant à la trace du clou dans les pieds, la position de ceux-ci, l'un devant l'autre en rigidité cadavérique, laisse penser qu'un seul clou a servi à clouer les deux pieds. Or, avant le IVe siècle, divers auteurs parlent de quatre clous pour crucifier une personne, dont un pour chaque pied. Ce n'est qu'après que les trois clous s'imposent.

À ce propos, contrairement à ce que l'on observe sur nombre de crucifix, il n'y avait pas de pièce en bois entre les pieds et le bois de la croix. Cette pièce a été ajoutée par les artistes pour des questions esthétiques : les genoux fléchis, comme l'impose la crucifixion des pieds directement sur le bois de la croix, rendent moins bien que les jambes tendues.

Les membres supérieurs

Seule la face antérieure des deux avant-bras est visible ; le reste soit n'a jamais été visible à cause de la distance entre le tissu et le segment, soit a été détruit par l'incendie de 1532.

Des coulées sanguines partent des traces du passage des clous dans les poignets. À gauche, le sang s'est écoulé d'abord selon l'axe du membre puis, à intervalles, vers le bord cubital (externe) selon un angle de 45° environ, tandis qu'à droite, il s'est écoulé vers le coude et le bord cubital selon un axe oblique d'environ 30°, sans vraiment l'atteindre avant le coude.

Cette différence peut s'expliquer par la position des bras lors de la crucifixion et indiquerait que le membre supérieur droit était plus haut que le gauche. Cette supposition est à nuancer par le fait que le supplicié a forcément tiré sur ses bras pour se redresser, engendrant des modifications de ces écoulements difficilement interprétables. Une scène dynamique est toujours plus difficile à interpréter qu'une scène statique.

Le port de la croix

Même si d'aucuns le soutiennent encore, il semble bien que le supplicié ne portait pas toute sa croix, d'un poids de 150 kg environ, mais seulement le *patibulum*, la partie horizontale, celle sur laquelle les poignets sont cloués, pesant entre 37 et 75 kilos.

La croix est composée de deux parties : la partie verticale, appelée *stipes*, plantée dans le sol au lieu de la crucifixion, et la partie horizontale, le *patibulum*, portée par le supplicié. Arrivé au pied du *stipes*, le supplicié voit ses poignets cloués sur le *patibulum*. Ensuite, celui-ci est hissé au sommet du *stipe*s où il est fixé, formant non pas une croix, mais un T.

Imaginer qu'un homme affaibli par sa détention, qui n'a pas dormi, sans doute peu mangé, qui vient de recevoir une soixantaine de coups de fouet puisse encore porter 150 kg relève du fantasme ! D'ailleurs, les Romains étaient des gens pratiques : ils cherchaient à crucifier leurs condamnés vivants. Épuisés, sans doute, mais pas morts !

Certains auteurs voient des traces sur le relief des omoplates qui pourraient être dues au frottement du *patibulum* sur le dos du supplicié lors du chemin de croix, mais des études récentes tendent à invalider cette théorie.

La plaie au flanc droit

Revenons à *Entretien avec un cadavre*:

« Nul ne sait de quel côté le corps du Christ a été transpercé. Les évangiles sont muets sur ce point et aucun élément ne nous offre de certitude. Sur de rares crucifix, le coup de lance est à gauche; sur la plupart, il est à droite. Il ne s'agit pas d'une erreur.

"Aussitôt, il en sortit du sang et de l'eau"

Enfin, et ceci n'est pas une erreur non plus mais une vérité objective, une très belle observation scientifique que l'on trouve dans l'Évangile selon saint Jean: "Mais un des soldats, d'un coup de lance, le frappa au côté et aussitôt, il en sortit du sang et de l'eau."

J'ai souvent entendu et même lu que c'était normal que de l'eau sorte d'abord, car le sang sédimenterait dans le corps en *post-mortem*. Sédimenter signifie que les éléments les plus lourds, les globules rouges et blancs essentiellement, s'accumulent dans les parties les plus basses et que surnage le plasma, constitué en grande partie d'eau, l'ensemble constituant deux phases superposées, selon la pression atmosphérique, une phase aqueuse en haut et une phase plus solide en bas. Le cœur ayant été percé par le coup de lance, il aurait d'abord délivré le plasma puis le sang. Cette conception ne tient pas la route pour deux motifs.

Le premier est que si le cœur est percé, il délivre d'abord ce qui se trouve devant la plaie. Si le coup est donné en partie basse du cœur, c'est du sang qui s'écoulera d'abord et on ne distinguera plus le plasma du sang, car il s'y mélangera lors de la sortie, tandis que si le coup est donné en partie haute du cœur, c'est le plasma qui s'écoulera seul, car la pression atmosphérique ne permettra l'écoulement que de ce qui se trouve au-dessus du niveau où est porté le coup; or, les éléments les plus lourds, qui évoquent le sang par leur couleur, sont en partie basse. Si vous n'avez pas compris, ce n'est pas grave car cette discussion est plus académique qu'utile, comme vous le lirez ci-après.

En effet, et c'est le deuxième motif, j'ai autopsié plusieurs milliers de cadavres et je n'ai jamais observé, à quelque stade *post-mortem* que ce soit, que le sang sédimentait dans le corps. C'est une erreur de le croire. Mais alors, d'où vient cette eau observée par l'évangéliste?

Certains imaginent qu'elle viendrait d'un épanchement péricardique traumatique engendré par les coups reçus. Si tel était le cas, elle serait mélangée avec le sang lors de l'issue de celui-ci et rien ne permettrait de les distinguer. En réalité, elle vient vraisemblablement d'un exsudat plasmatique qui s'est répandu dans les cavités pleurales suite aux très nombreux traumatismes engendrés par la flagellation, laquelle a principalement porté sur le dos, c'est-à-dire sur le thorax. Si on se réfère au linceul de Turin dont j'ai déjà dit que l'authenticité n'était pas démontrée, on y relève pas moins de cent vingt coups.

[Dans ces conditions, les poumons n'ont pas manqué d'être meurtris, eux aussi, par les coups portés au thorax, ce qui a produit des traumatismes d'où provient un exsudat plasmatique, du sérum, soit essentiellement de l'eau.]

Ainsi, la lance a d'abord traversé la cavité pleurale, permettant à l'exsudat plasmatique qui s'y trouvait suite aux traumatismes reçus de sortir, puis a touché le cœur, permettant au sang d'en sortir également. L'observation de l'évangéliste correspond donc bien à ce que la médecine connaît et peut expliquer.»

Les analyses de cet écoulement sur le linceul ont montré qu'il y avait là non seulement du sang, mais aussi une grande quantité de sérum, ce qui correspond à la description de l'évangéliste. Certains imaginent que le sang aurait sédimenté, séparé du sérum, dans la cavité pleurale. Sur le plan théorique, on peut l'imaginer, mais, d'une part, ceci se heurte aux mêmes observations que l'hypothèse de péricardite séreuse traumatique et, de l'autre, je ne l'ai jamais observé, même chez des gens battus à mort par des coups portés au thorax avec un objet contondant.

Pourquoi la tête n'est-elle pas étalée ?

C'est vrai que le visage n'est pas étalé alors qu'on aurait pu s'y attendre, puisque le tissu a, forcément, épousé la forme du visage, descendant depuis le nez sur les deux parties de la face. On pense souvent au masque d'Agamemnon qui montre, sur un même plan, toutes les structures du visage, y compris les oreilles, laissant voir un faciès lunaire.

Ce n'est pas le cas du linceul où les oreilles ne sont pas visibles, couvertes par les cheveux. Il n'est pas logique du tout que les cheveux se répandent devant les oreilles de cette manière sur un corps en décubitus dorsal.

L'explication est simple. Le sang qui s'est écoulé depuis les lésions crâniennes punctiformes a imprégné les cheveux et les a rigidifiés en séchant, et non pas en coagulant car le sang ne coagule pas en dehors du corps puisqu'il a besoin de l'apport d'éléments circulants pour ce faire. Or, en *post-mortem*, le cœur étant arrêté, le sang ne circule plus.

Combien de fois ne l'ai-je pas observé chez les morts par traumatisme crânien ? Un simple passage à l'eau suffit à reliquéfier le sang et à l'éliminer. C'est ce qui explique que les oreilles ne soient pas visibles. Nul besoin, comme le font certains, d'expliquer que la tête a été enserrée dans une structure en bois pour la maintenir droite. De plus, c'était inutile puisqu'il était en rigidité cadavérique et qu'elle tenait bien toute seule.

Pourquoi ne voit-on pas ses organes génitaux ?

Essayez, allongé sur le dos, de placer vos mains à la hauteur du pubis pour couvrir vos organes génitaux externes. C'est pratiquement impossible – sauf si vous avez des bras anormalement longs (ce qui n'est pas un défaut, mais reste peu courant), ou si vous soulevez les coudes par rapport au plan sur lequel vous êtes couché.

J'ai testé cela sur de nombreux cadavres : dans des conditions naturelles, cette position des bras est tout simplement invraisemblable.

Certains ont suggéré qu'un morceau de bois aurait pu être placé sous les coudes pour maintenir les bras en position. Mais pourquoi ? Pour dissimuler des organes génitaux que personne, à l'époque, n'imaginait devoir un jour observer sur une image miraculeusement apparue sur un linceul ?

La réponse est bien plus simple et s'explique par la crucifixion. Pour pouvoir respirer, le crucifié tire sur ses bras et pousse sur ses pieds, ce qui accentue la douleur mais est bien nécessaire pour dégager les poumons et permettre à l'air d'arriver. Ce mouvement de traction sur les épaules s'effectue alors que la tête de l'humérus est projetée en avant dans l'articulation de l'épaule, soit dans la position qui permet le plus de luxations. Dans ces conditions, l'épaule présente un déboîtement antérieur, elle se projette en avant, hors de sa cavité articulaire.

Restez couché et projetez vos épaules vers l'avant. Voilà, vous y êtes, votre sexe est désormais caché.

La cause du décès

J'en ai déjà parlé également, mais il est nécessaire d'y revenir.

« La mort par crucifixion est une mort par asphyxie posturale, ce qui signifie que c'est la position du corps qui entraîne l'asphyxie qui cause le décès. Pour vivre, nos cellules ont besoin d'O_2. Cet oxygène atmosphérique est capté depuis l'air ambiant par la respiration, passe dans les poumons puis dans le sang, où il est fixé sur l'hémoglobine des globules rouges qui le transportent via le système artériel puis capillaire dans toutes les cellules du corps, soit plusieurs milliards de cellules qui en ont besoin pour fabriquer l'énergie nécessaire à leur fonctionnement. Tout système qui entrave cette livraison d'oxygène aux cellules cause l'asphyxie. En échange de la livraison d'O_2, le sang reprend le CO_2, ou dioxyde de carbone, produit par la dégradation du sucre dans les cellules grâce à l'oxygène, et fait faire le chemin inverse via le système veineux jusqu'aux poumons où il est échangé contre de l'O_2. Tout ce qui entrave l'expulsion du CO_2 est également une cause d'asphyxie. Ce préambule est nécessaire pour bien comprendre ce qui suit.

Placés en croix, les deux membres supérieurs du supplicié tirent vers l'arrière, vu le poids du corps projeté vers l'avant, ce qui entrave l'expansion de la cage thoracique et donc la respiration. Pour respirer correctement, il doit tirer sur ses bras, c'est-à-dire sur les clous des poignets et appuyer sur celui des pieds, ce qui engendre une douleur très importante et nécessite énormément d'énergie et donc de fatigue. L'épuisement guette et, avec lui, l'incapacité à respirer plus ou moins correctement. Puisque la respiration est insuffisante, l'apport d'O_2 l'est aussi, ce qui signifie que la production d'énergie par les cellules diminue. Dans les cellules, un autre phénomène biochimique se produit que tous les sportifs connaissent : le manque d'oxygène livré aux cellules les fait passer en mode "anaérobie", c'est-à-dire en mode « manque d'oxygène », ce qui engendre des crampes douloureuses. Le sportif est "à bout de souffle" et entre en "dette d'oxygène", laquelle se matérialise par la respiration vive de fin d'exercice musculaire, lorsque le sportif "reprend son souffle". Pas question de cela sur la croix car c'est là tout le but du supplice : que le supplicié ne puisse "reprendre son souffle", ce qui finit par le faire mourir.

En effet, ce qui va le tuer, c'est bien sûr le manque d'O_2, mais également le trop-plein de CO_2 car, nous l'avons vu, la respiration joue un double rôle : capter de l'O_2 et rendre le CO_2. Une mauvaise respiration engendre les deux phénomènes : réduction de l'O_2 et accumulation de CO_2. Sans entrer plus dans les détails, le CO_2 est un gaz plutôt acide qui engendre ce que nous appelons l'acidose respiratoire, laquelle cause le décès par altération du pH sanguin. Voilà comment on meurt en croix. »

Pour le Christ, il faut additionner à cela la perte de sang lors de la flagellation, la perte de liquide engendrée par la transpiration principalement lors du chemin de croix, aggravant encore un tableau fait d'hémoconcentration, de perte d'électrolytes, de déshydratation, de relargage de substances dérivées des tissus traumatisés et de métabolites comme l'acide lactique.

Les douleurs

On pense souvent que la mise en place des clous est l'étape la plus douloureuse de la crucifixion. Mais en fait, cette douleur n'est que le début.

Je reprends à nouveau un passage d'un précédent livre :

« Au cours de la Seconde Guerre mondiale, les nazis, qui n'étaient jamais à court d'idées pour infliger des souffrances, avaient mis au point une méthode de torture qui consistait à pendre une personne par les poignets en la maintenant juste au-dessus du sol, les pieds ne pouvant le toucher. Tout le corps se trouve alors en extension, bras tendus et étirés vers le haut. Au bout de trois minutes, la position devient insoutenable, nécessitant de réaliser des tractions pour respirer et le décès peut déjà survenir au bout de quelques minutes et jusqu'à deux à trois heures plus tard, selon l'état du supplicié, dans des douleurs atroces engendrées par des crampes de tous les muscles du corps qui se raidissent au point de devenir durs comme de la pierre. Ces crampes sont engendrées par la carence en oxygène et l'accumulation, dans les cellules, d'acide lactique. Les suppliciés finissent leur vie raides comme des piquets, incapables de quelque mouvement que ce soit.

C'est le même processus que sur la croix sinon que, là, le supplicié peut encore prendre appui pour respirer, ce qui a pour effet de prolonger le supplice qui se termine de la même manière, mais bien plus tard. Certains condamnés sont restés en croix durant plusieurs jours avant de mourir. C'est d'ailleurs pour ce motif que Pilate a été étonné de voir que, trois heures à peine après la crucifixion, le Christ était déjà mort et qu'il a envoyé un soldat pour vérifier. Aucun supplicié ne pouvait être rendu à la famille s'il n'était déclaré mort. On vérifiait ou on hâtait la mort soit en fracassant les jambes avec une masse, soit en plantant une lance dans le côté du supplicié.

En raison des crampes, la tête du Christ ne pouvait être que penchée vers l'avant dans le *post-mortem* immédiat et comme il a été rapidement décroché de la croix, il est vraisemblable que la tête n'ait jamais été penchée sur le côté, car il faut de nombreuses heures pour que le début de la putréfaction engendre un relâchement musculaire. En effet, en médecine légale, nous savons que les gens qui décèdent après un effort musculaire intense voient les rigidités cadavériques survenir bien plus vite... par accumulation d'acide lactique. C'est ce qui explique que la tête du supplicié du linceul de Turin paraisse relevée et non affaissée vers l'arrière, comme généralement sur un cadavre, et que les genoux soient encore fléchis. »

Enfin

Nous voici arrivés au terme de cette présentation. J'ai, par le passé, envisagé d'écrire un livre sur le linceul, mais de nombreux auteurs talentueux l'avaient déjà fait, et souvent très bien. D'ailleurs, ce qui m'intéresse avant tout, c'est ce que la médecine légale peut apporter à ce sujet précis – et cela ne justifie pas, à mes yeux, un ouvrage entier.

Qu'est-ce que la médecine légale a donc apporté à l'étude du linceul ? Je ne parle pas de mon propre apport, mais de ce que la discipline permet. D'une part, la médecine légale a permis de vérifier que le corps déposé dans ce linceul était en état de rigidité cadavérique, dont la survenue a certainement été précipitée par l'état d'asphyxie et d'acidose respiratoire au moment du décès, et qu'il ne se trouvait plus dans le linceul avant que la putréfaction fasse son œuvre. Elle a également permis d'expliquer pourquoi les oreilles sont cachées par les cheveux, pourquoi la tête est droite, pourquoi les pouces ne sont pas visibles, pourquoi le sexe n'est pas visible, pourquoi les clous ont été plantés dans les poignets et non dans les mains. Elle a encore permis de corriger l'idée fausse selon laquelle le sang sédimente dans le corps et de trouver d'autres pistes expliquant l'observation de l'évangéliste selon laquelle du sang et de l'eau sont sortis du corps à la faveur du coup de lance porté au côté, ce que confirme également l'étude du linceul.

C'est peu de choses et, en même temps, c'est énorme, car chaque détail est important. Ici, comme sur une scène de crime, le travail du médecin légiste n'est qu'un élément parmi d'autres dans l'enquête. Malgré tous ces apports, la médecine légale, pas plus que les autres sciences, ne permet d'identifier formellement l'homme du linceul, et pourtant, identifier un cadavre fait partie du job... La pierre d'achoppement, outre la datation, réside dans le fait qu'il est impossible de répondre à cette question sur le plan scientifique aussi longtemps qu'il ne sera pas possible de déterminer le mode de formation de l'image.

Je pense qu'on n'a pas fini d'en parler.

Jeux sexuels meurtriers

Je l'ai dit en introduction à cet opus : s'il y a bien une matière dans laquelle l'imagination humaine n'a pas de limites, c'est celle du meurtre... mais aussi celle du sexe. Je ne compte plus les fantasmes issus de la psychologie humaine.

Le dictionnaire nous donne une définition du mot « fantasme » : « Production de l'imaginaire par laquelle le moi cherche à échapper à l'emprise de la réalité » ; « Manifestation consciente ou inconsciente d'un désir ». Certains fantasmes peuvent être classés parmi les paraphilies, mot issu du grec qui signifie « à côté de l'amour », en clair une tendance sexuelle « anormale » précédemment désignée par le terme de « perversion ». Parmi celles-ci, la zoophilie, dont j'ai déjà rapporté un exemple dans mon livre *La mort en face,* au chapitre « Nos amis les animaux ».

Un fantasme n'est pas un problème aussi longtemps que les partenaires sont consentants. J'ai connu le cas d'un homme qui, dans le cadre de son métier, recevait des jeunes femmes, les endormait et se filmait en train de les violer. Il a été découvert, ses vidéos ont été examinées, il a été arrêté et condamné. Ainsi, le consentement des partenaires est une nécessité. Dans pas mal d'actes sadomaso, les partenaires ont des codes pour dire « stop » dès qu'ils ne sont plus consentants. Le respect de la volonté d'autrui n'est pas une option, c'est une obligation.

∴

« Docteur, j'ai un mort pour vous. Vous allez voir, c'est spécial, je ne vous en dis pas plus. » Le magistrat est un peu pressé. C'est en arrivant sur place que je comprends pourquoi il n'a pas été plus loquace.

Roland est veuf. Graziella est décédée depuis des années de « pathologie traumatique », façon polie de dire « suicide ». Après que ses enfants ont quitté le nid, elle a sombré dans une profonde dépression. C'est toujours une épreuve pour un couple lorsqu'il se retrouve seul, abandonné par les enfants partis vivre leur vie.

Graziella a pris des médicaments, mode de suicide typiquement féminin. Indolore, n'altère pas le corps, ne le déforme pas comme la pendaison où le visage peut devenir tout bleu et la langue sortir de la bouche, ou comme le coup de feu en pleine tête dont on imagine bien les effets. La plupart des femmes sont attentives à ces deux éléments : risque d'avoir mal et risque d'être défigurée. Avec les médicaments, on les avale, on s'endort puis on meurt… à condition d'utiliser les bons médicaments. Et Graziella a utilisé les bons médicaments. Elle est décédée dans l'incompréhension la plus totale des siens. Elle allait être grand-mère. Ses enfants lui en veulent. L'incompréhension n'aide pas : si au moins elle avait laissé un mot, mais non, rien, pas d'explication. Comprendre ne signifie pas admettre, mais c'est un premier pas.

Roland s'est retrouvé seul. Ses enfants l'invitent aux anniversaires des petits-enfants, à certains repas de famille, mais lui ne les invite jamais. Il ne sait pas cuisiner, dit-il. L'excuse à deux balles. Tout le monde est capable de cuisiner, il faut juste avoir envie d'apprendre. Mais voilà, Roland n'a pas envie, il s'isole et ça l'arrange. Personne ne connaît sa vraie vie. Son adage : « Pour vivre heureux, vivons cachés. » Il a quelques amis, des anciens potes d'école, aussi âgés que lui et que la maladie n'a pas toujours épargnés. Toutes les semaines, il mange avec son ami Philippe et ils évoquent le passé, les malades, les voyages, les enfants et leur avenir.

C'est Philippe qui découvre Roland et qui fait appel aux secours. Je rencontre Philippe sur le seuil de la maison : il paraît choqué, et c'est bien compréhensible. Qui ne le serait pas en découvrant un ami décédé ? Mais là, il y a plus. Philippe m'interpelle :

« — Vous êtes le docteur légiste ?

— Oui, en effet, je suis médecin légiste.

— Vous allez voir, c'est un meurtre, je suis sûr que c'est un meurtre. Il est tout emballé, il n'a pas pu faire ça tout seul.

— Tout emballé ?

— Oui, comme un saucisson. »

Roland ne s'est pas présenté à leur repas de midi hebdomadaire. Au bout d'une trentaine de minutes, sachant que Roland n'est jamais en retard, Philippe lui a téléphoné, sans obtenir de réponse. Inquiet, il a quitté le restaurant, a pris sa voiture et s'est rendu chez son ami. Il a trouvé la porte d'entrée ouverte, a appelé Roland qui n'a pas répondu, a fait le tour des pièces et l'a découvert dans sa chambre, couché en travers du lit, tout emballé comme il le décrit, et malheureusement décédé.

Roland est effectivement dans sa chambre. Son corps est du côté gauche du lit, en travers comme s'il allait en sortir, les deux pieds à 20 cm du sol. Mais le plus étonnant est qu'il est effectivement emballé. Je ne touche à rien, sinon avec les yeux, pour éviter de polluer la scène de crime.

Le labo arrive. Pendant que Jean-Robert, le technicien de scène de crime, s'habille, je poursuis mon exploration visuelle de la pièce. À côté de la tête se trouvent un gant de toilette et de la gaze dont je ne comprends pas bien la présence. Je les montre à Jean-Robert, qui les prélève et les place dans un sac en papier qu'il me remet.

« — Sens-moi ça, me dit Jean-Robert.

— Ça sent l'éther[52].

— C'est bien ce qu'il me semblait.

— Qu'est-ce que ça fout là ? »

Me laissant à mes interrogations, Jean-Robert poursuit son travail. Il dépose les bandelettes autocollantes sur le corps, les photographie puis les récupère. Elles permettront d'identifier d'éventuelles microtraces, ces petits indices qui pourraient avoir été laissés par un potentiel auteur.

Là est tout le problème : auteur ou pas auteur ? Meurtre ou pas meurtre ? À ce stade, nous sommes perplexes. Il est certain que Roland n'a pas pu s'emballer comme ça tout seul, mais l'emballage ne peut être la cause du décès. Donc quelqu'un l'a emballé.

Tout le tronc, depuis le cou jusqu'à la partie haute du bassin, est emballé dans une toile en plastique semi-rigide, comme l'épaisse nappe qui recouvre la table de nombreuses cuisines. Celle qui entoure le corps de Roland a été découpée avec précision pour ne couvrir que le tronc, sans déborder. Aucun doute n'est possible, cette nappe a été découpée exprès. Elle est visiblement faite pour. Mais pour quoi ? Comme Roland paraît nu en dessous de cette nappe, puisque ses organes génitaux externes sont bien apparents, je commence à me douter qu'il s'agit d'une pratique sexuelle élaborée.

Les prélèvements sont achevés, j'ouvre la nappe pour en découvrir une autre juste sous la première. Plus aucun doute n'est possible : c'est bien une pratique volontaire de la part de Roland qui nécessite l'aide d'un tiers. Et le tiers n'est plus là, ce qui nous cause souci.

---

52 L'éther est un anesthésique, mais aussi un produit psychotrope reconnu comme tel par la Convention de Vienne de 1988 contre le trafic illicite de stupéfiants et de substances psychotropes. En clair, ce n'est pas un produit anodin. Cela fait bien longtemps qu'il n'est plus utilisé en médecine comme anesthésique à cause de ses effets secondaires, mais on s'en sert encore pour retirer de la peau la colle des sparadraps. Contrairement à une idée répandue, ce n'est pas un antiseptique et il ne peut être utilisé pour désinfecter la peau.

Jean-Robert renouvelle les bandelettes sur cette nouvelle nappe en espérant qu'il n'y en aura pas une troisième. Une fois ces nouveaux prélèvements achevés, j'ouvre la nouvelle nappe et je découvre le corps de Roland, dont une ceinture entoure le tronc en englobant les membres supérieurs à hauteur des avant-bras. Bien ligoté, le Roland. D'abord par une ceinture puis par deux couches d'enveloppes en plastique épais et plutôt lourd.

Rebelote, Jean-Robert est mûr pour un nouveau dépôt de bandelettes autocollantes, sur le corps, cette fois. Une fois ces troisièmes prélèvements achevés, je peux enfin examiner le corps.

Je débute par le visage qui est tout cyanosé (bleuté)[53], sans montrer d'autre signe d'asphyxie traumatique, comme des traces autour de la bouche ou du nez qui évoqueraient une suffocation, ni de traces dans le cou qui évoqueraient une strangulation manuelle ou avec un lien. Je continue l'examen de la face antérieure en descendant tout le long du thorax puis de l'abdomen, puis j'arrive à l'entrejambes et là, je suis perplexe. Dans la région des cuisses qui jouxte les testicules, je découvre une bonne vingtaine de traces de piqûres, et pas des petites. Ces piqûres ont été faites avec une grosse aiguille, de type trocart.

En médecine, on connaît bien ces aiguilles. Ce sont les plus grosses, celles qui ont un embout rose et qui nous servent à ponctionner dans une seringue les liquides à injecter. Ensuite, on change d'aiguille en fonction de la zone d'injection : sous-cutanée, intramusculaire, intraveineuse, etc. À chaque type d'aiguille, sa couleur d'embout. Vert pour l'intramusculaire, rose pour le trocart, etc.

Les pourtours de ces lésions ne sont pas uniformes, certains sont plus rouges que d'autres, ce qui est interpellant et qui

53 Cette coloration bleutée du visage et du haut du thorax apparaît quand au moins un tiers de l'hémoglobine du sang ne contient plus d'oxygène.

nécessite d'inciser pour en découvrir la cause, mais j'attendrai l'autopsie que je compte bien obtenir du magistrat. En effet, ce n'est pas le médecin légiste qui décide s'il y aura autopsie ou non, c'est le magistrat, en fonction des éléments de la première inspection du corps, mais aussi en fonction des premiers éléments de l'enquête. En l'espèce, le médecin légiste est un conseiller technique, sans plus.

Je poursuis alors mon examen en descendant le long des membres inférieurs, sans rien y relever. J'en ai fini avec la face antérieure, je peux retourner le corps. Mais avant cela, je fais mes prélèvements de sang et d'urine qui vont permettre de rechercher d'éventuels toxiques et je relève la température rectale qui me servira pour établir le moment du décès, ce qui ne va pas être simple vu les conditions d'enveloppement du corps.

Je retourne le corps et Jean-Robert y dépose des bandelettes pour la quatrième fois, sans sourcilier, résigné qu'il est à accomplir sa mission le mieux possible. Une fois ce travail achevé, j'examine le corps sans y relever la moindre lésion. Jean-Robert et moi faisons rapport au magistrat qui décide, comme nous l'y incitons, à faire réaliser une autopsie.

Dès l'après-midi, le corps de Roland m'est amené en salle d'autopsie. Comme d'habitude, le corps est couché sur le ventre et je commence, avec mon collègue, par les incisions postérieures. Je brûle d'envie d'aller observer de plus près les lésions de la face antéro-interne des cuisses et de les disséquer, mais il y a une procédure à respecter et il faut s'y tenir. Quinze minutes pour décoller la peau, quarante-cinq minutes pour recoudre : une heure d'autopsie est déjà écoulée que je passe à ronger mon frein. Je me doute bien qu'il n'y aura pas de lésion à relever en face dorsale mais, en médecine légale, il faut des certitudes. Alors, même si on se doute que cela ne sert à rien, il faut le faire pour le prouver.

Le corps est retourné, placé sur le dos, la face antérieure est enfin accessible. Je débute par l'ouverture du crâne. Les piqûres devront encore attendre. Une fois le cerveau extrait, les incisions antérieures sont faites. Je procède à la dissection du cou tandis que mon collègue ouvre le thorax et l'abdomen. Le cou ne recèle aucune lésion, tout est intact, pas la moindre trace hémorragique. La face interne des lèvres ne montre aucune lésion non plus. C'est un point important à relever, car les lésions de la face interne des lèvres sont de bons indicateurs de suffocation[54]; j'y ai pensé, vu la présence d'un gant de toilette à côté du corps qui aurait pu servir à obstruer les voies respiratoires.

Je laisse mon collègue poursuivre l'examen du thorax, de l'abdomen et de leurs organes tandis qu'enfin, j'accède au Graal, ces petites lésions qui vont requérir toute mon attention. Je les dissèque une par une. D'abord en les incisant sur 2 à 3 mm pour vérifier leur pourtour, qui m'a intrigué lors de l'examen sur place. Certaines, celles de la cuisse gauche, présentent un bord bien rouge, bien sanglant, preuve qu'il y avait du sang dans les capillaires au moment où elles ont été produites, et donc que Roland vivait au moment de la réalisation de ces blessures. Les autres, la plupart de celles de la cuisse droite, par contre, montrent un bord atone, c'est-à-dire non sanglant, preuve qu'il n'y avait plus de sang dans les capillaires, et donc que Roland était mort. En effet, après la mort, le sang ne se trouve plus dans les artères ni dans les capillaires mais exclusivement dans les veines. S'il n'y a plus de sang dans les capillaires, c'est donc que la personne était morte au moment où les blessures ont été commises.

Roland est donc décédé durant cet acte particulier que je peux maintenant reconstituer. Roland avait un fantasme sexuel nécessitant la présence et l'aide d'un tiers. Il aimait se sentir serré, mis en état d'incapacité de se défendre, emballé dans une véritable camisole. Ainsi immobilisé, « dominé », il était à la merci

---

54 La suffocation se dit de toute manœuvre qui consiste à obstruer la bouche et le nez pour empêcher le passage de l'air.

du tiers « dominant », lequel, après l'avoir emmailloté, lui posait un gant de toilette et des compresses de gaze imprégnés d'éther sur le nez et la bouche, ce qui avait pour effet de le mettre dans un état second, puis le tiers dominant le piquait à l'entrejambe avec une aiguille de grand diamètre, un trocart.

Alors que le « dominant » était en train de le piquer à l'entre-jambe, Roland est mort, anesthésié par l'éther diffusé dans ses voies respiratoires. Aucune trace de violence n'étant visible à hauteur de la bouche, du nez et des lèvres, c'est la seule déduction possible : un accident. L'éther a agi comme un anesthésiant avec trop de puissance, entraînant un arrêt progressif de la respiration, comme l'évoque la cyanose relevée au visage. C'est l'un des fantasmes les plus élaborés que j'ai eu à connaître dans mon métier.

Reste à découvrir qui était le « dominant ». Il y a quand même quelqu'un, homme ou femme, qui a participé à ce fantasme sexuel, quelqu'un qui a joué un rôle déterminant dans la mort de Roland. Quelqu'un qu'il faut retrouver. Dans l'entourage, personne ne lui connaît de relation, ni masculine ni féminine. Philippe est interrogé par la police. Roland ne lui a jamais rien confié au sujet de ses fantasmes sexuels et il ne lui connaît aucune relation amoureuse. Dans de telles circonstances, cependant, c'est rarement une relation amoureuse que l'on recherche, il est plutôt rare que de tels actes se commettent dans le cadre d'une relation sentimentale. C'est le plus souvent une relation tarifée, ce qui ne simplifie pas les choses.

La police cherche et, ce faisant, creuse les comptes bancaires de Roland, l'idée étant que ce dernier ait pu payer les bons soins de son « dominant » par virement bancaire. Aujourd'hui, il n'y a plus que les banquiers pour s'inquiéter quand on retire une importante somme d'argent... Dans le cadre de la lutte contre le blanchiment d'argent, notre liberté a été considérablement réduite, puisque le banquier doit nous demander à quoi sert cet argent que nous retirons en espèces. Je réponds invariablement que c'est « pour aller aux putes ». Depuis, on ne me le demande plus aussi souvent.

L'enquêteur est surpris de voir une somme de 500 € virée chaque mois, presque à date fixe, vers un compte enregistré au nom de « Nadine ». Nadine est rapidement identifiée par son numéro bancaire, et c'est son vrai prénom. Une très jolie femme qui exerce ce métier en plus de son « vrai » métier de déléguée commerciale pour une grosse boîte. Roland l'a connue via Internet. Il l'a contactée quelques mois auparavant et lui a exposé très clairement ce qu'il attendait d'elle. Pas de pénétration ni de fellation, juste cette pratique un peu spéciale. Elle devait l'entraver avec sa ceinture, puis il se couchait sur les deux enveloppes en plastique préparées sur le lit, dont elle devait le couvrir avant de lui mettre un gant de toilette imbibé d'éther sur le visage. Enfin, elle le piquait à l'entrejambe avec le trocart. Normalement, elle devait aussi placer une pompe à vide autour du pénis, mais elle a constaté que quelque chose ne se déroulait pas comme d'habitude quand, après avoir respiré de façon bruyante, il a émis des gaz par l'anus (elle dit : « Il a pété ») et n'a plus manifesté de mouvement respiratoire. Elle a retiré le gant de toilette, a vu son regard vide qui ne la fixait pas, a pris son pouls. Il était mort. Elle a pris peur et s'est enfuie.

Nadine n'est pas inquiétée pour homicide volontaire, puisque je n'ai mis en évidence aucune lésion spécifique permettant de le suggérer. Par contre, elle est inculpée pour non-assistance à personne en danger et pour coups et blessures volontaires ayant entraîné la mort sans intention de la donner ; le tribunal ne retiendra cependant pas cette dernière inculpation.

Parmi les fantasmes les plus répandus, outre le sadomasochisme, la pendaison érotique fait recette. C'est ce fantasme qui consiste à se pendre pour éprouver du plaisir. Certains chercheurs ont recherché un mécanisme physiologique qui permettrait d'expliquer la jouissance sexuelle par cet acte, sans succès.

J'ai déjà évoqué cette pratique au chapitre « Le pendu pas pendu » de mon livre *Les morts ont la parole,* où je raconte l'histoire d'un homme qui se pend en se filmant. Il a ainsi accumulé de nombreux enregistrements où on le voit se pendre et flirter avec la mort par asphyxie, ce qui finit par lui arriver suite à une glissade malheureuse.

∴

« Docteur, j'ai un cadavre pour vous. » C'est une petite maison ouvrière dans un joli quartier très propre. Des enfants jouent dans la rue. Des voisins discutent sur les trottoirs. Tout est calme et paisible. Rien n'indique qu'un drame s'est déroulé là. En effet, un des voisins est mort. Je cherche la maison, pas de camionnette de police pour me l'indiquer. Je finis par la trouver et je sonne à la porte. Aucune trace de policiers, sinon celui qui m'ouvre.

« — Entrez, Docteur !

— Vous êtes venu à pied ?

— Non, mon collègue a dû retourner au bureau avec la camionnette pour prendre une nouvelle radio, la nôtre n'a plus de batterie. Il va revenir.

Et voilà résolu le mystère de la camionnette invisible : une simple panne de radio.

— Il est où, notre pendu ?

— Au premier étage, Docteur.

Je traverse le vestibule et je jette un coup d'œil aux pièces qui s'y trouvent. À ma gauche, le salon, et droit devant moi, la cuisine. Tout est propre, rangé.

— C'est super propre, ici. Je n'ai pas l'habitude.

— Oh, c'était un monsieur très propre, sportif, qui vivait seul. Pas de femme, pas d'enfant, pas d'animaux. »

Le policier m'entraîne dans les escaliers qui mènent au premier et seul étage de la maison. Plusieurs pièces ouvrent sur le palier, dont une sorte de grenier. C'est là que se trouve notre cadavre. Il n'a pas été dépendu par les services de secours. C'est une première. Le plus souvent, avant même de vérifier s'il n'est pas raide comme la justice, les secours dépendent le corps et, en moins de deux secondes, « foutent en l'air » la scène de ce qui pourrait être un crime. Quand le corps est raide, ce n'est pas le tétanos, c'est de la rigidité cadavérique et c'est la preuve qu'il est mort depuis plus de huit heures. Alors bon courage pour le ranimer. Bref, dans ces conditions, une seule maxime, devenue culte, celle de *La septième compagnie* : « Touche pas à ça, petit con. »

« — Oh, une pendaison érotique !

— Une quoi ?

— Une pendaison érotique. Celle-ci a mal tourné, malheureusement. »

Dès que j'ai vu le corps, j'ai compris. Il pend à une corde en chanvre blanc très fin, attachée à un crochet au plafond. Il ne porte pas de vêtements, mais une serviette autour du cou, directement sous la corde. C'est ça qui me permet de comprendre.

« — Ah bon ! À quoi vous voyez ça, Docteur ?

— À la serviette. Elle est placée entre la corde et le cou pour éviter que le cou soit blessé par des abrasions produites par la corde. C'est classique chez ceux qui pratiquent la pendaison érotique de manière régulière afin d'éviter de devoir se balader avec un col roulé même en plein été pour masquer les lésions.

— Ah ben voilà. Merci pour l'explication ! On se demandait aussi avec le collègue à quoi cela pouvait bien servir.

— Et puis, regardez la corde, elle passe aussi autour des organes génitaux externes, autre signe typique.

C'est une autre habitude dans ce type de pendaison : non seulement le cou est enserré, mais également les organes génitaux dès que le corps se laisse pendre.

— Encore un autre signe. Regardez la corde. Ce n'est pas une corde abrasive, c'est du chanvre, une corde très douce destinée à minimiser les marques sur la peau du cou.

Ce type de corde est un signe plus rare que le précédent, mais il est important à relever.

— Et puis il y a toutes ces photos... »

Face au corps, tout un mur est recouvert de photos de femmes nues, les cuisses écartées, dans une attitude très suggestive.

L'examen ne montrera aucune lésion, sinon ce que l'on peut raisonnablement attendre, à savoir des pétéchies oculaires[55] et une cyanose.

Il est vraisemblable que cet homme ait réalisé une pendaison érotique et qu'il soit allé un peu trop loin, jusqu'au moment où, même s'il était encore conscient, il n'ait plus eu la possibilité d'utiliser ses muscles pour se relever et se débarrasser de la corde. C'est un risque que prend toute personne qui accomplit cet acte. À force de tenter le diable...

---

55 Petits points rouges autour des yeux, sur les paupières, sous les paupières ou sur le globe oculaire qui témoignent de l'éclatement de petites veinules en raison d'une augmentation de la pression veineuse engendrée par la compression des vaisseaux du cou.

Le plus vieux métier du monde

« Pute », « prostituée », « péripatéticienne » sont autant de mots pour désigner une seule et même profession, la plus vieille du monde, dit-on, mais certainement pas la plus sûre ni la mieux protégée. Le puritanisme, à force de ne pas vouloir la voir, l'a placée aux mains de « macs », de « protecteurs ». Cette profession fait l'objet d'un véritable commerce, voire d'un véritable trafic, dont ces travailleuses ne profitent pas nécessairement.

« Docteur, j'ai une morte pour vous. » À mon arrivée, la morte est encore sur la rue. C'est une rue étroite comme Liège en a encore quelques-unes : on les appelle des ruelles pour signifier qu'aucune voiture ne peut y passer. Dans ma ville, ces ruelles me passionnent, je les connais toutes. Avoir une mission dans l'une de ces ruelles ajoute à mon plaisir. C'est donc joyeux et curieux à la fois que je me rends sur place. Joyeux pour deux motifs : d'abord parce que j'ai un mort à examiner et que c'est quand même le but du métier que j'exerce ; ensuite parce que c'est dans l'une de mes ruelles préférées. Curieux, parce que je me demande ce que je vais trouver. C'est un métier plein de surprises.

D'aucuns pourraient trouver choquant que je trouve mon métier joyeux et que je me réjouisse d'examiner un cadavre. Ils n'ont rien compris. Nous, les médecins légistes, nous ne nous réjouissons pas de la mort de qui que ce soit, mais nous nous réjouissons de pouvoir examiner les personnes qui ont passé l'arme à gauche, surtout dans des circonstances qui en valent la peine, parce que la mort est suspecte, que la cause du décès est inconnue, que l'on a un doute quant à l'intervention potentielle d'un tiers, etc.

« Elle est tombée, Docteur. » Le corps est au sol, la tête éclatée qui répand son sang et son cerveau sur les pavés. Nul doute que le traumatisme crânien a été majeur pour produire de tels dégâts. Soit elle a reçu un coup très violent sur le crâne avec un instrument qui reste à déterminer, soit son fracas crânien est dû à l'impact contre le sol depuis une hauteur certaine. En approchant du corps sans le toucher, puisque nous sommes clairement face à un cas potentiellement criminel et que je ne dois pas interférer avec la scène de crime, je regarde sous le tronc qui est en légère rotation vers la droite, laissant apparaître le membre supérieur gauche. Le poignet est cassé. Et pas n'importe comment, les deux os de l'avant-bras, le radius et le cubitus[56], sont cassés près du poignet avec une angulation qui fait ressembler la main à une baïonnette.

Ce n'est pas la première fois que je vois une telle fracture, qui nécessite une très grande force pour se produire et c'est toujours lors d'une chute, jamais suite à des coups et blessures. Néanmoins, ce n'est pas parce que je ne l'ai jamais constaté que cela ne peut pas exister, mais le risque est plutôt minime.

Une chute. Et comme le corps se trouve devant la façade d'une maison, je demande :

« — Elle habitait ici, cette dame ?

— On n'en sait rien, personne ne semble présent dans l'immeuble. »

---

56 La nouvelle mode, aujourd'hui, est d'appeler cet os « ulna ». Moi, j'ai appris « cubitus » et je continuerai à le dire, car je n'ai jamais compris pourquoi il fallait changer ce qui existe depuis de longues décennies et qui n'a jamais embêté personne, sinon pour répondre à l'impérialisme américain qui s'étend jusque dans le nom des os.

Je recule pour voir les fenêtres. Toutes sont fermées, mais je ne vois pas celles du deuxième et dernier étage. Elles ne se distinguent pas facilement sur la façade vu l'important rebord extérieur. En plus, je suis limité dans mon recul par la largeur de la ruelle.

Le labo arrive et Thomas, le technicien de scène de crime, précise qu'un voisin râle sec de ne pas pouvoir accéder à son appartement en raison du cordon de police.

« — Peut-être a-t-il la clé », lancé-je.

Un policier, Christian, est parti le chercher. Se présentent un monsieur, Gilbert, et son épouse, Gisèle. Ils reviennent de la Batte[57] où ils sont allés faire leurs emplettes, comme pas mal de Liégeois le dimanche matin.

« — C'est qui? demande Gilbert dès qu'il voit le corps au sol.

— On n'en sait rien, répond Christian, elle n'est pas encore identifiée.

Impossible de recouvrir le corps, vu que le labo doit encore faire les prélèvements. Ce serait une faute professionnelle.

— C'est Viviane, s'exclame Gilbert qui, n'ayant pas froid aux yeux, s'est approché et l'a reconnue malgré la déformation de son visage.

— Vous êtes certain?

— Certain, c'est ma voisine d'au-dessus, du deuxième étage. Elle est bien amochée. Que c'est triste, une si gentille femme. Que lui est-il arrivé, si on peut savoir?

C'est alors que j'interviens.

— Je pense qu'elle est tombée depuis son appartement, dis-je.

— Comment elle a fait ça? C'est pas possible, avec ses petites fenêtres. On a dû la pousser, parce que ça, Viviane, elle n'était pas suicidaire, elle n'aurait jamais sauté. En plus, elle se pomponnait

---

57 La Batte est un marché de plein air qui se tient sur la rive gauche de la Meuse tous les dimanches matins depuis 1561 et draine pas moins de 5 millions de visiteurs par an.

toujours et faisait très attention à son apparence. Même morte, elle n'aurait jamais risqué de paraître laide.

— Vous, je vous engage, dis-je en souriant et en provoquant le même sourire sur le visage de Gilbert. J'adore votre bon sens. Ça fait plaisir. »

En quelques mots, Gilbert a donné un sacré coup de main à la résolution de l'énigme de la chute. Il n'y a que trois possibilités : accident, suicide ou meurtre. Pour aller plus loin, il va falloir que je visite l'appartement.

« — Il va falloir visiter l'appartement de Viviane, dis-je à Christian.

— On va devoir attendre le serrurier, répond Christian.

— Mais j'ai la clé, moi, dit Gilbert, elle me l'avait donnée au cas où.

— Vous pouvez y aller, mais ne touchez à rien, intervient Thomas qui est déjà occupé à poser les bandelettes sur le corps de Viviane.

— Promis, lui réponds-je.

— Mais avant cela, pouvez-vous me dire à quelle heure vous avez quitté la maison, ce matin ? demande Christian.

— Il était quelle heure, Gisèle ?

— Vers 8 heures, comme tous les dimanches, répond cette dernière.

C'est une excellente indication, car si le cadavre avait déjà été sur la rue, Gilbert et Gisèle l'auraient remarqué, puisqu'il se trouve juste devant la porte d'entrée.

— Vous savez, poursuit Gisèle, Viviane avait des amis.

— C'est bien normal, lui répond Christian, d'avoir des amis.

— Oui, mais pas comme ceux-là. Elle était, comment dirais-je ?

Visiblement, Gisèle est gênée de poursuivre et c'est Gilbert qui complète son propos.

— Une pute.

— M'enfin, Gilbert, un peu de délicatesse, tout de même, c'est Viviane.

— Oui, mais à force de tourner autour du pot et de ne pas nommer les choses comme elles sont, on finit par s'embrouiller.

— Elle faisait le tapin ? demande Christian.

— Non, répond Gilbert, elle ramenait des hommes qu'elle trouvait dans des cafés moyennant un peu d'argent. Elle avait ses habitués.

— Vous en connaissez ?

— Oh non, répond Gisèle, vous imaginez bien !

— On sait dans quels cafés elle allait ? »

Gilbert répond et Christian y envoie des policiers pour interroger les patrons. C'est le genre d'enquête qu'il faut mener tambour battant, car les souvenirs se dispersent très vite.

Et nous voilà devant la porte de Viviane. Gilbert est rentré chez lui pour y chercher la clé. En homme rangé qui sait où tout se trouve, il ne tarde pas à revenir avec le Graal. Il ouvre. Christian lui enjoint de ne pas entrer. Celui-ci fait quelques pas dans la pièce et s'arrête. Il fait comme moi, il observe. Dans des conditions aussi suspectes que celles-ci, on ne touche qu'avec les yeux.

Cet appartement n'a pas de vestibule, comme dans pas mal de vieilles maisons liégeoises. On entre tout de suite dans la pièce de vie. À droite, un salon avec fauteuils et table basse. À gauche, une salle à manger avec chaises et table haute qui jouxte une cuisine. Dans la partie salon, un fauteuil est renversé, de même que la table basse. Il y a eu lutte. Derrière le fauteuil renversé, une fenêtre est ouverte, c'est la seule. Elle est de petite taille (85 cm x 85), avec un appui de fenêtre extérieur très large (50 cm), et se trouve à 80 cm du sol. J'ai quasiment la même à la maison : je sais que sortir par là est tout un exercice. L'hypothèse accidentelle vacille.

« — Ce n'est guère compatible avec un accident, dis-je. À moins qu'elle se soit exagérément penchée pour voir ce qui se passait dans la rue, mais cela me paraît difficile.

— Les signes de lutte indiquent plutôt un meurtre, poursuit Christian.

— Oui, mais ce n'est pas suffisant, même si c'est une bonne indication. Elle aurait pu se disputer avec son amoureux dans le cadre d'une rupture sentimentale puis décider de mettre fin à ses jours.»

Je téléphone au magistrat en exposant la situation. Il décide de faire une descente criminelle et de saisir le juge d'instruction.

Thomas poursuit avec ses bandelettes. Il a fini une face et a retourné le corps. Les policiers sont de retour et l'un deux a des nouvelles. L'un des patrons de café a vu Viviane partir vers 5 heures du matin avec un homme qu'il n'avait jamais vu, qui s'appelle Vincenzo. Le patron pense avoir compris qu'il s'agit d'un marin italien.

L'enquête progresse. Lassé qu'on lui pique du fric dans la caisse dès qu'il a le dos tourné, ce patron a installé une caméra de surveillance. Christian désigne un policier pour visionner les images et nous en faire rapport aussi vite que possible; il en désigne d'autres pour rendre visite aux péniches qui stationnent à Liège pour le moment et identifier chacun des membres des différents équipages.

Thomas a fini. Pendant les deux heures et demie de son travail, j'en ai profité pour participer à l'enquête avec les policiers. Le médecin légiste est un élément de l'enquête, un élément essentiel, parfois même déterminant, mais il n'est pas le seul. Tous les autres intervenants jouent un rôle très important dans l'enquête. Dès que l'autopsie aura été réalisée, mon rôle s'arrêtera et les enquêteurs poursuivront leur travail. Nous sommes des auxiliaires de justice qui apportons les connaissances de la médecine à la résolution des affaires criminelles.

Les magistrats arrivent alors que je suis en train de réaliser un premier examen de Viviane. La tête est éclatée et répand son contenu sur le sol: sang et cerveau principalement. Le visage est, lui aussi, complètement disloqué. L'impact crânien a été majeur, suite à une précipitation, tête la première. En effet, il y a vraiment peu de chances qu'avec une si faible hauteur, sautant pieds en avant, le corps ait pu effectuer une rotation de 180°. Les deux avant-bras sont cassés juste avant les poignets avec une angulation importante. J'ai l'impression qu'une des deux épaules est fracturée, mais je n'en suis pas certain. Je vérifierai cela à l'autopsie. Je relève des ecchymoses en forme de doigts aux deux bras et une éraflure à la surface du genou droit, sans doute par frottement contre les pavés de la rue.

Je fais les prélèvements habituels de sang et d'urine et je mesure la température rectale. J'ai déjà mesuré la température ambiante et celle du sol à mon arrivée pour être au plus près des conditions du moment du décès. Cela me servira à l'évaluation de ce moment, ce qui n'est jamais une mince affaire tant les facteurs d'imprécision sont nombreux.

La descente achevée, Viviane est amenée en salle d'autopsie. Un de mes collègues m'a rejoint et, avant d'autopsier, je passe le corps à la radiographie. Ce n'est pas Thomas, le technicien de scène de crime, qui est en salle d'autopsie avec moi, c'est Stéphanie. Thomas achève l'examen des lieux, de l'appartement, et y fait tous les prélèvements nécessaires.

J'ai bien fait de commencer par radiographier le corps, même si à l'époque, ce n'est pas encore fréquent. Aujourd'hui, on fait régulièrement passer le corps au scanner avant l'autopsie. Outre les fractures du crâne, je découvre des fractures des arcs antérieurs de plusieurs côtes droites, de même qu'une fracture acromio-claviculaire de l'épaule gauche, qui, toutes, témoignent de la violence de l'impact encore amplifiée par le fait que le corps s'est écrasé sur une surface très dure.

Un policier se présente, il a visionné les images de la caméra de surveillance. À côté de la caisse, à sa place habituelle, on y voit Viviane avec un homme que le patron du café a identifié comme étant Vincenzo. Celui-ci est désormais suspect.

Thomas me téléphone pour me prévenir qu'il a prélevé du sang sur l'appui de fenêtre intérieur pour analyse ADN. Nous apprendrons plus tard que c'est bien le sang de Viviane. Il n'a rien relevé d'autre d'intérêt médicolégal.

Avant d'autopsier, je prélève le matériel qui se trouve sous les ongles de Viviane, pensant que s'il y a eu bagarre, elle a peut-être griffé son agresseur. Il y a en effet de la peau sous ses ongles et une recherche ADN pourra être réalisée.

J'entreprends alors l'autopsie selon la même systématique que d'habitude. Cette routine est obligatoire. En plus des images du corps avant ouverture, à chaque lésion relevée, Stéphanie prend une photo. L'autopsie progresse et permet de découvrir des éléments importants. Tout d'abord, une prise aux bras avec beaucoup de force vu l'importance des hématomes présents dans la profondeur des muscles. J'ai déjà relevé ces lésions à l'examen extérieur et ai bien noté leur aspect digitiforme, mais l'autopsie permet de vérifier que l'empoignade s'est faite avec une très grande force. Après avoir lavé le corps et dégagé le cou, je relève des traces suspectes mais très discrètes que je n'ai pas vues sur place, dissimulées par le sang. En profondeur, le doute n'est plus permis : les hémorragies des muscles du cou montrent qu'elle a été étranglée à la main avec une seule prise et une force terrible, au point de casser le cartilage thyroïde, ce qui n'est pas banal. C'est d'autant plus surprenant que je ne relève ni cyanose ni pétéchies, ce qui me laisse penser, mais c'est une hypothèse, que cet acte a été très violent mais de courte durée.

Enfin, à l'ouverture de l'abdomen, je constate une contusion du foie. Certaines côtes étant fracturées, cela ne fait aucun doute, c'est bien la chute qui a causé cette contusion. Mais je relève aussi une contusion de l'intestin grêle à hauteur de son insertion mésentérique (sur la paroi postérieure de l'abdomen), ce qui n'est pas explicable par la chute. Viviane a nécessairement reçu un coup violent à l'abdomen. Il est très fréquent que ces coups ne laissent pas de traces en surface cutanée, c'est pour ça aussi que l'autopsie est indispensable.

Je fais la synthèse. Viviane a été prise à la gorge avec une violence inouïe au point de briser son cartilage thyroïde, ce qui est assez exceptionnel. Elle a reçu un coup violent à l'abdomen au point d'occasionner une contusion intestinale, ce qui est rare également. Tout ceci témoigne d'une violence extrême. Elle a ensuite été saisie par les bras et passée par la fenêtre. Ce faisant, elle s'est frotté le genou droit sur l'appui de fenêtre intérieur, comme en témoignent l'abrasion cutanée et la trace de sang sur le rebord.

Un policier se présente. Vincenzo est identifié, il travaille bien sur l'une des péniches. Il est d'origine italienne mais est belge et francophone, ce qui simplifie les choses pour l'interrogatoire. Il nie les faits. Ce n'est pas une surprise. Rares sont ceux qui les avouent d'emblée, s'ils ne se dénoncent pas eux-mêmes. Mais ce n'est pas une preuve de culpabilité non plus. Vincenzo peut être innocent. Il affirme avoir quitté Viviane à 8 heures du matin après des relations sexuelles consenties, tarifées et protégées. Vincenzo n'est pas connu de la police, sinon pour des infractions au Code de la route, dont une conduite en état d'ivresse.

Le juge me demande d'examiner Vincenzo, qui accepte sans discuter. Aucune lésion n'est visible. Je fais le prélèvement ADN requis par le juge et le dépose au labo. Vincenzo est en détention préventive lorsque les résultats ADN tombent. L'ADN masculin sous les ongles de Viviane n'est pas celui de Vincenzo. Il est relâché.

L'enquête reprend sur de nouvelles bases. *Exit* Vincenzo. Mais qui est-ce, alors? Sans indice, identifier un auteur n'est pas une mince affaire. On a bien son ADN, mais celui-ci ne dit pas à qui il appartient. Il faut avoir un suspect dont on pourra comparer l'ADN avec celui qui se trouvait sous les ongles de Viviane.

L'enquête piétine. Puis Éric, le chef d'enquête, décide d'une nouvelle perquisition, autorisée par le juge, et il retourne chez

Viviane. Il y passe du temps, laisse traîner ses yeux partout. Il se dit qu'elle était bien ordonnée, Viviane, tout est à sa place, rien ne dépasse. Il manipule quelques objets, tombe sur une pile de gazettes qui ne semble pas avoir été fouillée. Au bas de cette pile, invisible, un petit carnet noir. Il l'ouvre.

Jean-Marc est interpellé. Un gaillard bien bâti et costaud. Il craque rapidement, surtout quand Éric lui dit qu'on a trouvé de l'ADN du meurtrier sous les ongles de Viviane et qu'on saura vite si c'est le sien. Viviane lui avait promis de ne plus « faire la pute », qu'elle se consacrerait à lui. Il l'aimait, il la voulait pour lui, pour lui tout seul. Mais Viviane avait continué. Il avait vu un homme sortir de chez elle à 8 heures du matin. Il l'avait croisé et avait compris aussitôt qu'elle avait repris ses activités. Il arrivait avec des fleurs pour elle... Il les a jetées dans le caniveau.

Le petit carnet noir de Viviane contient sa comptabilité avec l'identité de ses clients et les sommes perçues à chaque passe. L'un d'eux revenait plus souvent que les autres, il s'appelait Jean-Marc et, visiblement, il ne recevait pas de traitement de faveur, cet amoureux transi.

∴

« Docteur, j'ai un mort pour vous, enfin, plutôt une morte. » Lorsque son compagnon l'a jetée à la rue, il y a déjà quelques années, il a gardé les enfants, la maison et tout le reste. Élisabeth a porté plainte, mais cela n'a pas eu d'effet. Il faut dire que c'était dans les années 1990. Heureusement, les mentalités ont bien évolué depuis, même si on peut encore faire mieux.

L'une des amies d'Élisabeth l'a recueillie, mais cette situation ne peut pas durer. Il lui faut une source de revenus, sans traîner. Élisabeth parcourt les petites annonces. Internet n'existe pas encore, le journal est le seul endroit où trouver ce genre d'infos.

Mais rien. Rien qui lui convienne, sinon pour un salaire de misère, ce qu'elle ne souhaite pas. Néanmoins, nécessité fait loi, elle postule pour un poste de secrétaire dans une petite entreprise locale. Elle est reçue par le patron de l'entreprise qui lui manifeste beaucoup d'intérêt. Il faut dire qu'Élisabeth est une très jolie femme. Son mariage et ses deux maternités ne l'ont pas changée. Pour son entretien d'embauche, elle a fait un effort, après des années sans avoir pris soin d'elle au sein de son mariage. Elle a bien choisi ses vêtements, s'est maquillée. Sa féminité n'échappe pas au patron.

Élisabeth est engagée, elle commence le lendemain. Elle ne s'y attendait pas, car elle n'a ni diplôme ni formation dans le domaine, mais le patron, très aimable, lui a expliqué qu'elle apprendrait au contact des autres secrétaires. Le salaire est un peu minable, mais elle n'est pas en mesure de faire la fine bouche. Elle s'en contentera.

Le lendemain, elle arrive en avance au travail, habillée du mieux qu'elle peut. Le patron est là pour la présenter aux autres secrétaires et charge l'une d'elles de lui expliquer le travail. Avant de les quitter, le patron lui demande de rester après la fermeture des bureaux, car il aura du courrier à lui dicter. En un instant, toutes les filles du bureau sont ses ennemies, alors qu'Élisabeth n'a pas encore dit un mot. Elle n'a rien perçu. Elle sent bien une certaine réticence de la part de ses collègues, mais comme c'est la première fois qu'elle est confrontée au monde du travail, elle se dit que c'est normal et ne s'inquiète pas.

C'est la fin de la journée. Élisabeth doit rester, le patron vient d'arriver. Elle l'attend, un cahier et un stylo à la main. En partant, l'une de ses nouvelles collègues lui a souhaité « bon courage ». Élisabeth lui a répondu qu'elle espérait qu'il soit compatissant, car elle n'a pas l'habitude de prendre des notes. Sa collègue a souri et lui a lancé : « T'inquiète, sur ce plan-là, tu ne risques rien », ce qui l'a rassurée.

« — Mademoiselle, venez donc dans mon bureau.

— J'arrive, Monsieur.»

Et voilà Élisabeth dans le «saint des saints», le bureau du patron. Celui-ci achève tout juste une conversation téléphonique.

«— J'ai encore du travail, tu sais ce que c'est, j'aurai un peu de retard.»

Élisabeth est dans l'encadrement de la porte, le patron lui fait signe d'avancer. Puis, avant de lui dicter son courrier, il entreprend de lui présenter son bureau et les différentes œuvres d'art qui le décorent. Plus les présentations avancent, plus le patron est proche d'Élisabeth, jusqu'à lui passer la main à la taille, de la laisser descendre et de lui palper une fesse.

Élisabeth est surprise, elle tressaute, mais n'arrête pas le geste. Pourquoi se laisse-t-elle faire? Allez savoir. Le fait que son supérieur s'intéresse à elle? Manque de capacité à se défendre? Peur de perdre son emploi?

Le patron s'enhardit. Il lui plonge littéralement dessus, remonte sa jupe... Élisabeth est pétrifiée, elle ne réagit pas. C'est un viol pur et simple. Il n'a aucune excuse, sinon qu'elle n'a pas dit «non», mais elle n'a pas dit «oui» non plus. C'est bref, il ne sera pas en retard.

Élisabeth rentre chez elle. Elle ne se rend pas bien compte encore de ce qui s'est passé, ça a été si subit, si rapide... Dans ce genre de situation, le cerveau a tendance à se mettre sur pause, ce qui ne permet pas de prendre conscience de ce qui arrive, mais nous protège au prix d'importants refoulements.

Quoi qu'il en soit, Élisabeth est désormais certaine qu'elle n'a pas été engagée pour taper du courrier. Cette conviction va se renforcer au fil des jours avec, en toile de fond, ses collègues qui la méprisent et lui rendent la vie impossible. Elle en a marre. Quand elle conjugue l'attitude de ses collègues et celle de son patron pour lequel elle n'est qu'un jouet, le tout pour un salaire dérisoire, elle veut partir, mais pour quoi faire? Elle a besoin d'argent. C'est à cette époque qu'elle croise la route de Noëlla.

Noëlla tient le petit magasin de la rue, qui annonce sa fermeture. Élisabeth aime bien Noëlla, c'est une fille sympa, très jolie, toujours très affable et un peu provocante.

« — Pourquoi fermes-tu ? Il marche plutôt bien, ton commerce.

— Ça ne rapporte pas assez. Tu n'imagines pas les frais que j'ai et le peu que je gagne vraiment !

— Mais tu vas faire quoi ?

— Tu ne diras rien ? Tu promets ?

— Promis !

— Je fais des passes.

— Des passes ?

— Je m'envoie en l'air avec des clients.

— Des clients ?

— T'es conne ou quoi ? Des gens qui paient pour ça.

— Ah, t'es une prostituée !

— Je préfère *call girl*, c'est plus chic.

— Et ça paie bien ?

— Tu rigoles ? En plus, c'est pas taxé.

— Mais c'est quand même dégueulasse, avec des mecs que tu n'aimes pas.

— Pas plus que de se faire baiser par son patron qu'on n'aime pas non plus.

Élisabeth est mouchée. Elle réfléchit.

— Tu crois que je pourrais ?

Sans même réfléchir, Noëlla répond :

— Évidemment. T'es bien gaulée. Il y a du public pour des filles comme toi. »

Élisabeth est en vitrine depuis quelques années. Son métier la satisfait pleinement. Elle voit ses filles une semaine sur deux et, cette semaine-là, elle ne travaille qu'en journée, après les avoir déposées à l'école. Elle n'a plus le moindre souci financier et roule dans une très belle voiture, ce qui fait râler son ex-mari qui n'a pas manqué de dire aux filles que leur mère était entretenue par un homme riche qu'elle avait séduit pour son argent. Ah, ces divorces qui se passent mal, toujours aussi sympas ! Et dans ces cas-là, qui c'est qui en prend plein la tronche ? Les enfants, évidemment ! Papa a déversé son fiel, maman s'en fout, ce sont les enfants qui prennent.

Élisabeth est amoureuse. Une amie lui a présenté un de ses amis, Geoffroy, un beau gars, célibataire, sans enfant, sympa, ouvert, gentil, pas oppressant, qui a un job, chauffagiste, et qui lui fait désormais une cour assidue. Ils échangent, parlent beaucoup de tout et de rien, mais jamais du vrai travail d'Élisabeth. Elle le lui cache, car elle est gênée et, surtout, elle ne veut pas le perdre. Elle envisage même d'arrêter son travail, mais elle n'a pas de perspective d'emploi et gagne super bien sa vie.

Geoffroy et Élisabeth vivent ensemble. L'entente est excellente et, sur le plan sexuel, Geoffroy est étonné qu'une fille qui n'a connu qu'un seul homme en sache autant, mais cela ne le perturbe pas plus que ça. Ce qui le perturbe vraiment, c'est l'aisance financière d'Élisabeth. L'explication de l'héritage a tenu un moment, mais Geoffroy a vu les relevés de compte… Il ne comprend pas comment c'est possible. Il décide de suivre sa compagne.

Élisabeth est au volant de sa voiture, elle roule vers son lieu de travail sans se rendre compte que Geoffroy la suit. Elle se gare. La fille en vitrine se retire tandis qu'Élisabeth se met en tenue pour attirer le chaland. Elle a ses habitués puis les autres, les passants, les impromptus. Sa collègue lui explique que la journée sera calme et qu'elle se réjouit de rentrer chez elle. Il est 9 heures du matin quand Élisabeth apparaît à la vitrine. Elle ne voit pas, en face, derrière une voiture en stationnement, Geoffroy qui l'observe. Il n'en croit pas ses yeux. La femme de sa vie est en vitrine, offerte à tout homme qui veut d'elle et paie pour cela.

Geoffroy n'est pas en colère, il est blessé. C'est souvent pire. Il retourne à la maison chercher son 9 mm. Armé, il revient et se tient face à la vitrine, dont les rideaux sont tirés. Il sait ce que cela signifie. Élisabeth est avec un client. Il l'imagine dans toutes les positions avec un autre que lui. C'est insupportable. La porte s'ouvre, le client sort. C'est un homme d'une soixantaine d'années, gras, moche, mal habillé. « Ce n'est pas possible ! Pas avec une merde pareille », pense-t-il. Il se retient de frapper cet homme parce qu'il est convaincu que ce n'est pas lui, le responsable, c'est sa femme. C'est elle la fautive.

Le rideau s'ouvre, Élisabeth s'assied. Elle voit un homme de dos. Il se retourne. Elle le reconnaît. Elle pâlit. Le temps de revenir de sa surprise, elle veut se lever et lui parler, mais il sort une arme et, sans lui donner le temps de réagir, il tire à travers la vitre à trois reprises. Élisabeth est touchée, elle s'effondre. Geoffroy entre, la voit au sol, inanimée, le regard vide. Il a compris, elle est morte. Il se rend dans le jardin à l'arrière du bâtiment. Il s'assied, il pleure. Son arme ne l'a pas quitté. Il la regarde, cette arme désormais meurtrière qui lui a permis de commettre l'irréparable et de devenir lui-même un meurtrier. Une arme n'est pas dangereuse en soi, c'est celui qui la tient dans sa main qui peut la rendre dangereuse.

Dans son cerveau, c'est un champ de bataille où tout se confond : amour, haine, envie, jalousie, espoir, désespoir. La jalousie l'a emporté le temps de passer à l'acte, et maintenant, c'est le désespoir qui prend le pas. Son amour est perdu, il est mort, elle l'a tué avant qu'il la tue. Son amour était déjà mort et il ne le savait pas. Le désespoir s'installe et, avec lui, une certaine mélancolie, celle qui vous susurre à l'oreille et au cerveau que la vie est nulle, qu'elle ne vaut pas la peine d'être vécue, qu'elle est inutile comme l'amour qu'il a consacré à Élisabeth.

Geoffroy regarde son arme. C'est elle qui va l'aider à tout effacer. Il met son arme contre sa tempe. Il est prêt à appuyer sur la détente, mais il se ravise, ce sera la bouche. C'est plus sûr. L'arme est en bouche, le canon au contact du palais...

À mon arrivée, le labo termine de prendre les photos, l'affaire est claire. Élisabeth gît dans son sang en vitrine, le thorax transpercé de trois balles, dont une au moins doit avoir atteint le cœur ou l'un des gros vaisseaux du tronc, vu la quantité de sang qui s'échappe du thorax. C'est un piéton qui, en passant, a découvert le corps et a fait appel à la police. Plus loin, à l'arrière, dans la petite cour du bar, gît le corps de Geoffroy. Il est assis contre un mur et a encore son arme dans la main droite. Sur le mur derrière lui, un impact de projectile. La balle lui a traversé le crâne, a touché le mur et a ricoché. Je n'ai pas de mal à la retrouver complètement déformée un peu plus loin dans la cour. Dans la bouche, le palais montre un trou en partie postérieure tandis que le crâne montre une sortie en partie supérieure. Une belle trajectoire de bas en haut, d'avant en arrière d'un projectile qui a détruit le cerveau sur son passage. Ses mains présentent des traces de poudre.

L'auteur est mort, l'affaire publique est éteinte, il n'y aura pas d'autopsie. Le plus vieux métier du monde est aussi l'un des plus dangereux.

Roy

Je ne sais pas ce que je fais chaque matin qui indique à Elsa, ma petite chienne, que je me réveille. Chaque jour, elle le sent et me saute littéralement dessus pour me dire bonjour. Et c'est parti pour une séance de gratouilles que je ne louperais pour rien au monde. Vous connaissez Elsa, elle est en couverture de mon troisième livre, ce qui n'était pas prévu, mais elle s'est imposée. Comment aurais-je pu l'écarter? Depuis qu'elle est entrée dans ma vie, elle est ineffaçable. Elsa est un sauvetage. Je voulais un chien de petite taille, femelle, pour compenser les trois chiens mâles de ma femme, et je voulais que ce soit un sauvetage. Elsa a perdu son premier maître dans un accident de roulage. Elle a survécu, pas lui. Depuis, elle éprouve une profonde aversion à l'égard des voyages en voiture et n'hésite pas à me le montrer en vomissant tant qu'elle peut, sauf si elle est à côté de moi, sur le siège passager avant, attachée dans son panier.

Elsa me réveille. Elle ne le sait pas, mais aujourd'hui est un jour spécial. Ce 15 juin, c'est mon anniversaire, et j'ai 60 ans.

« — Et ça va, t'es pas triste de changer de dizaine?

— Non. Pourquoi serais-je triste? C'est une victoire qu'il faut fêter, au contraire. Arriver à cet âge sans grande difficulté, être vivant et en bonne santé, c'est une victoire.»

Mon seul regret, c'est que mon père n'est pas là. Il a une bonne excuse: il est décédé l'an dernier. C'est à lui que j'ai dédié mon troisième livre.

Hier, j'ai fêté mon anniversaire avec mes amis proches. Vous les connaissez tous, ce sont les héros de mes histoires. J'emprunte leurs prénoms. Philippe a été pendu par son épouse, Nathalie, dans «Le pendu pas pendu». Laurence a failli être trucidée dans

« Cinq euros de trop » et son mari, Jean-François, a tué un voleur dans « Le bijoutier, le voleur et la 22 ». Anne a été tuée par son mari, Pascal, dans « Chou, tu dors ? » ; Luis, un flamboyant artiste peintre liégeois, a trouvé une morte en se baladant dans les Fagnes avec son épouse, Geneviève, dans « La tourbe, ça conserve » ; ma fille, Marie-Émilie, a trompé son compagnon, Xavier, dans « Le cul et les écus », qui est par ailleurs l'une de mes phrases cultes ; mon fils, Adrien, a tué sa compagne, Émeline, en la poussant dans les escaliers dans « Les escaliers, ces tueurs de nos maisons » ; mon épouse, Nadine, mes autres filles, Sophie et Margaux, jouent aussi un rôle dans mes histoires. Bref, tous mes proches y sont passé, même ma mère.

Il y a quelques jours, Dimitri, mon éditeur, m'adresse un e-mail. « Philippe, on n'a pas tout à fait assez. Il me faut encore un chapitre. Désolé. » Moi, j'avais déjà tout rangé et mis mes quelques dernières histoires de côté, pour le livre suivant. Je lui téléphone. « M'enfin ! Il y a un mois, tu m'as dit que c'était bon et là, maintenant, alors que tout est fini, il faut encore un chapitre. T'as fumé un truc qui passe pas ? » J'aime beaucoup mon éditeur. On passe pas mal de temps ensemble en France, en Suisse ou au Québec, en tournées de promotion. Ce sont toujours de chouettes moments.

« — Oui, enfin non, je n'ai rien fumé, mais c'est sur la mise en page que je m'en suis aperçu.

— Bon. Je vais te le faire, ton chapitre. C'est pas comme si j'avais pas l'habitude. Tu m'as déjà fait le coup pour le troisième livre. Mais si tu veux sortir le livre en août, je devrai l'écrire le jour de mon anniversaire, je n'ai plus d'autre possibilité. Non non, ce n'est pas grave, je n'avais justement rien de mieux à faire. »[58]

---

58 Note de l'éditeur, profitant d'être le dernier à intervenir avant l'envoi à l'impression : rappelons que tout ce qui touche au médicolégal est parfaitement exact. Pour le reste, Philippe s'amuse à romancer juste ce qu'il faut pour qu'on ne sache jamais vraiment où commence la fiction.

Et voilà comment je me retrouve assis à mon bureau, face à mon ordinateur, en train d'écouter de la musique de Hans Zimmer et de rédiger un nouveau chapitre le jour de mes 60 ans. Chance : c'est un dimanche, et je ne suis pas de garde. Tous les ingrédients sont réunis pour que j'aie la paix. Comme d'habitude, je commence à rédiger à 9 heures du matin et j'aurai fini avant 18 heures, pour l'apéro.

Hier soir, j'ai consulté les sujets qui me restent. Et c'est en me réveillant ce matin que ce dernier chapitre s'est imposé à moi. J'avais le choix entre une électrocution, un meurtre qui n'en est pas un, la vengeance d'un père, un mort brûlé vif au volant de sa voiture dans son propre garage, les pires façons de mourir, une brève histoire de la médecine légale, un tueur pas très futé, une morte découverte dans une citerne de collecte d'eau de pluie et la mort par coups contondants. D'autres viendront encore, dont je me souviendrai notamment en me promenant dans les rues de Liège. Je pourrais y faire une visite guidée des lieux où j'ai été amené à intervenir. C'est toujours en y passant que je m'en souviens. C'est le cas dans ce livre-ci notamment pour le chapitre « Le plus vieux métier du monde ». C'est en passant dans une des ruelles de ma ville que je me suis souvenu de cette histoire qui remonte à plus de vingt ans.

∴

« Philippe, j'ai un mort pour toi. Le labo est déjà sur place. Je te rejoins dans une heure, le temps de finir l'audition d'un détenu. » C'est Yvon, un juge d'instruction, qui me téléphone. Entre nous, on l'appelle Roy, comme Roy Bean (1825-1903), un juge célèbre de l'Ouest américain qui faisait « la loi à l'ouest du Pecos », l'un de ces juges hauts en couleur de l'époque de l'indépendance des États-Unis. Il a servi de base à Morris, le dessinateur de Lucky Luke, pour sa BD *Le Juge*.

Yvon sait qu'on le surnomme comme ça, et il en est très fier. Il se vante d'être le juge d'instruction ayant obtenu le plus d'aveux de la part des criminels qu'il a reçus dans son bureau, raison pour laquelle on l'a affublé de ce surnom. Au fil du temps, nous sommes devenus amis.

Yvon me donne l'adresse : ce n'est pas le plus beau coin de la ville. Ce quartier a connu son heure de gloire, mais il a ensuite périclité au point que certaines de ses maisons sont devenues des squats. C'est dans l'un de ceux-ci que je pénètre, une maison qui a dû être belle par le passé. Une maison de maître où le rez-de-chaussée est surélevé par rapport à la rue et le vestibule d'entrée, d'où une porte mène à quelques pièces qui ne sont pas des caves, mais un espace de vie pour les domestiques. Le rez-de-chaussée, l'étage « noble », est constitué de pièces à haut plafond. Aux étages, les pièces présentent des volumes classiques. « Il est à l'étage, Docteur », m'annonce le policier qui garde l'entrée.

Muni de mon éternel sac à dos de descente, je gravis les marches et, à ma gauche, découvre une pièce dans laquelle le technicien du labo prend les photos requises, vêtu de son uniforme de descente, cette combinaison blanche abominable mais très utile pour la préservation de la scène de crime. Le technicien se retourne en m'entendant arriver. En fait de technicien, c'est une technicienne. C'est en voyant ses yeux que je la reconnais. C'est Julie.

« — Salut, Julie. Tu en es où ?

— Salut, Philippe. J'ai fini, tu peux entrer. »

Sans son accord, pas question de pénétrer dans la pièce devenue scène de crime, puisqu'un cadavre s'y trouve. C'est le technicien du LPTS[59] qui dirige la scène de crime, qui veille à sa préservation et qui donne les autorisations. Les indices sont souvent fragiles, comme une empreinte digitale, un cheveu, une

---

59 Laboratoire de la police technique et scientifique.

goutte de sang, des fibres de vêtements, etc. Tous ces éléments qui peuvent nous mettre sur la piste du criminel sont très précieux et font l'objet d'un traitement particulièrement minutieux par les techniciens du labo. J'ai connu l'époque où ces détails n'étaient pas relevés. Ce n'est qu'à la fin des années 1990 que le concept de scène de crime est apparu, issu de la nécessité de préserver l'ADN de l'auteur éventuellement présent. Cela a marqué une révolution dans le monde judiciaire. Je suis intervenu sur la toute première scène de crime délimitée à Liège, que je décris dans « La pipelette ». J'ai encore les photos de cette descente, où l'on me voit dans ce merveilleux uniforme tout blanc. Je les montre lors de mes cours et de mes conférences pour expliquer ce qu'est une scène de crime.

Le corps de Guillaume est au centre de la pièce qui, à une époque largement révolue, a dû être un salon. Il est nu, couché sur le dos, le segment crânien et les membres noircis par la fumée et en partie carbonisés. Clairement, le ou les auteurs ont tenté de le faire disparaître en le brûlant, voire en incendiant la maison. Sous le corps, je remarque des morceaux de bois, des bûches en partie consumées.

« — Pas doués, les incendiaires, ils n'ont pas été chez les scouts !

— Tu l'as dit. L'expert en incendie est prévenu, il arrive. »

L'expert en incendie, c'est Léon. Vous le connaissez, il est dans « L'héritière ». C'est là que je dis que « Léon a un gros nez, mais ce n'est pas pour ça qu'il n'a pas le nez fin ». Depuis qu'il l'a lu dans mon livre, il n'a de cesse de me préciser que son nez n'est quand même pas si gros que ça. Ses copains qui l'ont reconnu s'en donnent à cœur joie. On n'a jamais connu de nez aussi célèbre dans notre milieu.

Puisque Julie m'y autorise, je débute l'examen du corps de Guillaume, un examen sommaire, car je le réaliserai avec plus de précision en salle d'autopsie. Le feu l'a quand même bien amoché au membre inférieur droit et au segment crânien. C'est une localisation très étrange, sans continuité, bizarre. Le crâne est finalement moins atteint que ce que je pensais.

> Faire disparaître un corps en le brûlant n'est pas chose aisée du tout. Le corps est quand même composé à plus de 60 % d'eau, largement de quoi éteindre un feu. Je n'ai connu que peu de cas où cela a fonctionné. Il y a celui de cette dame qui, après avoir tué son mari à la hache, l'a découpé et l'a fait brûler dans l'insert familial jour après jour, morceau après morceau[60], et celui de cet homme qui s'est rendu à la police deux ans après avoir tué et brûlé sa femme dans son jardin[61].

À l'examen, je découvre un véritable florilège de lésions : contondantes, tranchantes, piquantes-tranchantes, et je ne peux pas exclure une potentielle strangulation, même si je n'en vois aucun signe, car le feu qui a atteint le segment crânien en a peut-être effacé la trace.

« — Waouh ! Je vais m'amuser, avec celui-ci, j'en ai pour quelques heures, avec toutes ces lésions de natures différentes ! » Et, en le retournant pour découvrir la face postérieure : « Et il y a même de la lecture. On lui a écrit dessus !

— Attends, je prends les photos.

— "JÉSUS-CRHIST". Il est dyslexique, l'auteur, il a inversé le "R" et le "H" de "Christ". »

Le juge fait son entrée en même temps que l'expert en incendie et les enquêteurs de la PJ. Tout le monde se salue et le juge me demande des nouvelles de mon cadavre.

« — Il est fort mort, mais c'est tout ce que je peux dire sans autopsie.

— Il est très brûlé, quand même, me lance Yvon.

---

60 Voir « L'insert » dans *Les morts ont la parole.*

61 *Idem.*

— Oui, mais ce n'est pas ça qui l'a tué et il est même possible que ces brûlures aient été commises en *post-mortem.*»

C'est le problème des brûlures: il est impossible de déterminer si elles sont *ante-* ou *post-mortem*, produites sur cadavre frais. Il faut d'autres éléments que je vais chercher au cours de l'autopsie et par des analyses. Mais les brûlures offrent une autre difficulté:

«— Et je ne pourrai pas être très précis sur le moment du décès, vu que le corps a été partiellement brûlé. Par contre, il y a des larves, on pourra demander à Marcel[62] de les étudier. Enfin, vu les lésions contondantes au crâne, je pense que c'est de ce côté-là qu'on va trouver la cause du décès.

— Tu autopsies quand?

— Dès que tu me le fais livrer», ce qui signifie qu'il faut requérir les pompes funèbres. «Il va être midi, on dit 14 heures, comme ça on a le temps de déjeuner.»

Aucun mort adulte ne m'a jamais coupé l'appétit, même brûlé, même putréfié.

Il est 14 heures, je suis prêt, mon collègue l'est également, le juge est présent, de même que Julie, du LPTS, Léon et des péjistes.

«— Pendant que tu bâfrais, nous, on a travaillé. L'enquête a avancé, me lance Yvon. J'ai deux beaux candidats auteurs potentiels. La PJ les interroge.

— Bravo, ça n'a pas traîné. C'est qui?

— Ses copains. Ils étaient toujours fourrés ensemble et on les a vus dans le squat la veille de la découverte du corps. De plus, ils sont fichés et bien connus des services de police.

— Un mobile?

— La drogue et le fric. Celui que tu as sur la table leur aurait piqué de l'argent. Ils étaient complètement abrutis par l'alcool et la came et l'auraient tué. C'est l'hypothèse de la PJ.

---

62 Marcel Leclercq, entomologiste de réputation mondiale, réinventeur de l'entomologie médicolégale. Voir «Des mouches et un squelette» dans *Les morts ont la parole*.

Julie prend les photos du corps sur la table d'autopsie avant que je commence le relevé des lésions, ce qui me prend un certain temps. Je ne dénombre pas moins de dix lésions contondantes, dont deux importantes au crâne, cinquante-trois par instrument piquant-tranchant comme un couteau, sept tranchantes, toutes au cou. Il me faut pas loin de deux heures pour en faire la description la plus précise possible.

Une fois cet examen fastidieux mais indispensable terminé, l'autopsie proprement dite peut commencer, qui va permettre de vérifier l'importance de chacune de ces lésions dans le mécanisme de décès, mais également de déterminer si l'homme était en vie lorsque les lésions ont été causées.

Commençons par les coups piquants-tranchants. Ces lésions sont créées par des instruments qui ont une extrémité piquante, comme la pointe d'une lame, dont au moins l'un des bords est tranchant. Le plus fréquent de ces instruments est le couteau. Il y a quarante lésions par coups de couteau au crâne, un record, six à la mâchoire, sept au dos, et pas une seule ayant occasionné la mort. Elles sont toutes superficielles et n'atteignent pas les organes internes ni aucune structure vasculaire majeure qui auraient pu entraîner le décès par saignement. Il ne faut jamais relier le nombre de coups à l'importance vitale. Un seul coup bien placé peut être mortel, alors que cinquante-trois « maladroitement » portés ne le sont pas.

Les coups tranchants n'affectent que le cou. « Tranchant » se dit lorsque l'arme utilisée a créé une lésion plus large que profonde. C'est le cutter, la lame de rasoir, voire le couteau dont seul le bord de la lame est utilisé, mais pas la pointe. Typiquement, ce sont des lésions d'égorgement ou les traces de vénisection[63]. Il y en a sept, toutes situées dans le cou. Elles sont bien parallèles entre elles, sans la moindre trémulation de la ligne, peu profondes

---

63 Section ou tentative de section des veines des avant-bras.

et même franchement superficielles. Ces caractéristiques, quand on les trouve aux avant-bras, font penser à des lésions auto-infligées. Au cou, c'est plus rare et c'est même exceptionnel, comme je l'ai décrit dans le chapitre « À gorge déployée » du présent volume. J'en conclus que ces lésions ont dû être portées alors qu'il était inconscient, peut-être agonisant, mais pas décédé, car les bords sont saignants, ce qui veut dire qu'il y avait encore du sang dans les capillaires, chose impossible chez un mort.

Et puis il y a les coups contondants. On appelle « contondant » un coup porté par un objet qui s'écrase sur la peau sans la pénétrer. Il peut la déchirer, comme lorsqu'un coup est porté au crâne et que l'objet écrase la peau entre lui-même et l'os crânien. Il y en a dix, dont six aux membres supérieurs, sur les faces dorsales des avant-bras et sur les mains. Ce sont des lésions typiques de défense. Elles prouvent que la victime s'est protégée de l'agression en opposant ses membres supérieurs, un grand classique. Elles prouvent aussi que la victime était consciente quand elle a été agressée. Je relève encore deux coups au dos qui évoquent qu'il a peut-être tenté de fuir et, enfin, deux coups au crâne qui ont provoqué une déchirure cutanée, mais également deux fractures-embarrures[64] de l'os crânien. Ce sont d'importants dégâts qui ne causent pas la mort, mais qui sont une bonne piste de ce que l'on risque de trouver en ouvrant le crâne, à savoir une hémorragie, dont l'importance peut être variable. Et en effet, à l'ouverture du crâne, je trouve une hémorragie sous-durale bilatérale massive qui, à elle seule, peut être la cause du décès. Mais, en médecine légale, on n'a rien compris tant qu'on n'a pas tout analysé et, pour tout comprendre, il faut attendre d'avoir achevé l'autopsie.

64 « Fracture-embarrure » se dit lorsque l'os est non seulement fracturé, mais également déplacé.

L'autopsie thoraco-abdominale ne montre strictement aucune lésion, puisque les coups de couteau se sont arrêtés dans l'épaisseur des tissus mous sans pénétrer plus loin, sans atteindre aucun organe. Par contre, l'autopsie du cou va montrer, une fois encore, qu'une attention toute particulière doit être portée à cette région. J'ouvre en coupant la peau sur la ligne médiane, je décolle la peau des masses musculaires sous-jacentes, principalement les muscles sterno-cléido-mastoïdiens, également appelés « muscles du torticolis ». Ils s'étendent depuis derrière l'oreille jusqu'à la jonction entre la clavicule et le sternum, d'où leur nom : *sterno* pour « sternum », *cléido* pour « clavicule » et *mastoïdien* pour « apophyse mastoïde », une saillie osseuse qui se trouve juste en arrière de l'oreille. Pas très compliqué, l'anatomie, quand le nom du muscle indique les os sur lesquels il s'insère. C'est l'un de nos muscles fétiches, car, quand il y a une prise au cou, il est généralement atteint par une hémorragie. C'est la pression des doigts ou de l'instrument utilisé pour étrangler qui produit cette hémorragie. Et, chez cette victime, les deux muscles sont hémorragiques. Il a été étranglé, c'est une certitude. De plus, je relève que l'os hyoïde est fracturé. C'est un os qui se trouve dans le cou, en partie haute, là où le cou se poursuit par la peau sous-mandibulaire. C'est un petit os qui ressemble à la mâchoire inférieure, en beaucoup plus petit. C'est le seul os du corps qui ne soit pas en lien avec un autre os. Son intérêt médicolégal est qu'il est fragile et qu'il casse facilement en cas de strangulation. Et chez cette victime, il est brisé en deux endroits. Il n'y a plus de doute possible : même si les brûlures en ont effacé les traces cutanées, il y a bien eu strangulation.

Oui, mais… Oui, mais ce n'est pas parce qu'il y a des traces de strangulation que la victime en est décédée. C'est tout le problème des asphyxies : il faut démontrer que c'est la seule cause de décès possible. Je connais des victimes qui présentaient des traces de strangulation visibles dans le cou avec, à la radiographie, une fracture bien nette de l'os hyoïde, et même avec des pétéchies autour des yeux. Et elles étaient vivantes. L'asphyxie ne peut donc être qu'un diagnostic d'exclusion, c'est-à-dire un diagnostic que l'on ne pose que quand on peut démontrer qu'il n'y a pas d'autre cause de décès possible. C'est l'une des raisons pour lesquelles une autopsie complète doit toujours être réalisée.

Et, dans le cas de Guillaume, il y a une autre cause possible de décès, l'hémorragie sous-durale. Dans ces conditions, je pourrai conclure que la cause de décès est l'hémorragie sous-durale et qu'il peut y avoir une cause adjuvante, une strangulation. Mais avant d'en arriver là, je dois vérifier s'il y a eu participation du feu dans le mécanisme de décès, et ce n'est pas une mince affaire.

Les incendies dégagent deux choses que l'on peut retrouver chez le mort. Du CO, ou monoxyde de carbone, et de la suie. Pour qu'un feu prenne, il faut trois éléments principaux : une source de chaleur, un combustible et un comburant. Le combustible, c'est ce qui va brûler, le comburant, c'est le dioxygène, ou oxygène atmosphérique, l'O_2. Sans O_2, pas de feu, mais beaucoup de fumées. Globalement, et pour faire simple, le feu consomme le combustible grâce à l'O_2 et émet des fumées, de la suie et du CO_2. Quand le feu manque d'O_2, il dégage du CO plutôt que du CO_2. Le CO est un véritable poison pour notre organisme, je l'ai déjà décrit dans « Tout feu, tout flamme ». Il se fixe à l'hémoglobine des globules rouges et empêche l'O_2 d'être transporté, ce qui engendre une asphyxie. Tous les incendies émettent du CO en plus ou moins grande quantité selon l'apport d'oxygène. C'est lui que je recherche dans le sang d'une victime exposée à un incendie. Si je trouve du CO dans son sang, c'est qu'elle a respiré alors que l'incendie était en cours, et donc qu'elle était vivante lors de l'incendie. Il en va de même des traces de suie que je recherche dans la trachée et les bronches. Ces traces n'apparaissent que lorsque la victime a respiré les fumées et la suie dégagées par l'incendie, et elles sont la preuve qu'elle était vivante lors de l'incendie.

Chez Guillaume, aucune trace de suie dans les voies respiratoires et, l'analyse le confirmera plus tard, pas de trace de CO dans le sang. Il était donc vraisemblablement déjà mort lorsque le feu a été bouté.

Au terme de l'autopsie, je déclare à Yvon et aux enquêteurs que Guillaume a été frappé avec un objet contondant qui reste à identifier. Il a tenté de se protéger des coups en utilisant ses avant-bras puis en fuyant, vu les coups reçus dans le dos, puis il a fait face et a reçu deux coups très puissants au crâne qui ont occasionné deux fractures et une hémorragie sous-durale massive. Sous ces deux coups, il a perdu connaissance. C'est vraisemblablement à ce moment-là qu'il a été étranglé et a reçu les très nombreux coups de couteau relevés. Assez étonnamment, ces coups de couteau n'ont pas été donnés pour tuer, mais juste pour blesser, comme, d'ailleurs, les coups tranchants à hauteur du cou. Quant à lui, le feu a été bouté en *post-mortem* pour tenter de faire disparaître le corps.

Dernier point : l'auteur est dyslexique, comme l'indique l'inversion des lettres « R » et « H » du mot « Christ ».

Pendant que nous recousons le corps, Yvon quitte la salle d'autopsie pour se rendre au Palais de justice entendre les deux suspects. Aucun n'avoue.

« Écrivez le mot "Jésus-Christ" en majuscules », leur demande-t-il à chacun. Chacun à son tour s'exécute et l'un des deux écrit : « Crhist ».

« — Monsieur, votre dyslexie vous a perdu. C'est bien vous qui avez écrit ce mot sur le corps de Guillaume.

— Monsieur le Juge, je ne suis pas le seul dyslexique, quand même !

— Non, mais vous êtes le seul à avoir un mobile pour tuer Guillaume. »

Dix minutes plus tard, le suspect passe aux aveux...

Sacré Roy !

À PROPOS DE LA COUVERTURE

La photo de couverture est une composition qui nous est propre. Après un cadavre avec une étiquette attachée au pied (*Les morts ont la parole*), un cadavre sur un plateau (*Entretien avec un cadavre*) et des casiers de la morgue (*La mort en face*), nous avons voulu sortir du cadre de la salle d'autopsie, et même sortir tout court.

C'est ainsi que la photo a été prise dans le jardin de mes amis Laurence et Jean-François, dont j'ai déjà utilisé les prénoms à plusieurs reprises dans mes livres. Les personnages en blanc derrière moi sont deux de mes filles, Marie-Émilie et Margaux (qui est plutôt ma belle-fille, la fille de mon épouse, mais pour moi, c'est pareil). Ainsi habillées, on ne les reconnaît guère. Xavier, mon beau-fils, le compagnon de Marie-Émilie, joue le rôle du cadavre, mais, pour des raisons de cadrage, on ne le voit pas. Quant à moi, j'occupe l'avant-plan dans mes habits professionnels habituels.

La photo comporte une erreur. Je ne peux pas me trouver derrière la corde qui délimite la scène de crime habillé autrement qu'en tenue de protection, comme mes filles à l'arrière-plan. Mais voilà, pour la photo, c'était mieux ainsi, j'ai donc accepté de poser comme ça, mais je tenais à ce que vous n'imaginiez pas que je fais n'importe quoi.

Soyez heureux et profitez de la vie dans le respect des autres, c'est le secret du bonheur !